Mon évasion de Donington Hall

Précédé d'un récit du siège de Kiao-Chow en 1915

Gunther Plüschow

(Traducteur : Pauline De Chary)

Writat

Cette édition parue en 2024

ISBN : 9789359946788

Publié par
Writat
email : info@writat.com

Contenu

CHAPITRE PREMIER ....- 1 -

CHAPITRE II ....- 10 -

CHAPITRE III ....- 15 -

CHAPITRE IV ....- 26 -

CHAPITRE V ....- 29 -

CHAPITRE VI ....- 34 -

CHAPITRE VII ....- 38 -

CHAPITRE VIII ....- 44 -

CHAPITRE IX ....- 48 -

CHAPITRE X ....- 61 -

CHAPITRE XI ....- 67 -

CHAPITRE XII ....- 86 -

CHAPITRE XIII ....- 91 -

CHAPITRE XIV ....- 98 -

CHAPITRE XV ....- 110 -

CHAPITRE XVI ....- 111 -

CHAPITRE XVII ....- 113 -

CHAPITRE I

LES JOIES ET LES DOULEURS D'UN HOMME VOLANT

C'était au mois d'août de l'année 1913 que j'arrivai dans ma ville natale, Schwerin. J'étais resté plusieurs semaines en Angleterre, où j'avais consacré des journées à la visite des musées et des belles collections d'art, ainsi qu'à des excursions dans les environs de la capitale. Je ne prévoyais pas alors combien ce dernier me serait utile dans deux ans.

Pendant tout le voyage, j'étais en proie à une excitation et à une inquiétude intérieures dont je ne parvenais pas à me débarrasser, et quand j'arrivai à Schwerin, une seule question me brûlait les lèvres, et pourtant je n'osais pas la poser à mon oncle qui m'allait chercher au restaurant. gare. Car la nouvelle liste navale des promotions et des nominations d'automne pourrait être publiée d'un jour à l'autre, et j'étais sur la pointe des pieds pour savoir si le souhait que j'avais caressé pendant des années allait enfin être satisfait.

La question de mon oncle : « Sais-tu où ils t'ont mis ? m'a donné un choc électrique.

"Non."

« Eh bien, toutes nos félicitations – Naval Flying Corps ! »

J'étais tellement heureux que j'aurais aimé faire un saut périlleux en pleine rue, mais je me suis abstenu de peur de contrarier mes concitoyens.

J'ai donc réalisé mon souhait après tout !

Les derniers jours de ma permission passèrent en un éclair, et je retournai gaiement au Collège naval pour achever mon cours d'un an et demi d'officier inspecteur ; mais je n'ai jamais fait mes malles avec plus de plaisir qu'en partant pour ma nouvelle destination.

Quelques jours seulement avant mon départ, un de mes confrères officiers m'a interpellé : « Dis-moi, as-tu eu des nouvelles là où tu pars ?

"Oui; Corps volant.

« Bon Dieu, mec ! Vous ne connaissez pas votre propre chance… eh bien, vous partez à Kiao-Chow.

J'étais sans voix et j'avais probablement l'air aussi stupide que je le sentais.

"Oui; Kiao-Chow! Et dans le Flying Corps ! Espèce d'heureux diable, d'être le premier officier d'aviation de la marine à Kiao-Chow ! »

Il n'est guère surprenant que j'ai refusé de le croire jusqu'à ce que j'aie reçu la confirmation officielle. Mais c'était vrai. J'ai eu énormément de chance !

J'ai dû attendre encore trois mois à Kiel ; mais enfin, le 1er janvier 1914, je me trouvai dans mon Berlin bien-aimé. Mais il n'y avait aucun moyen de me retenir ; J'étais déjà à Johannisthal le 2 janvier et je pensais pouvoir commencer à voler sur place. Mon expérience, cependant, était celle de la majorité des élèves volants. J'ai appris pour la première fois le principe séculaire du vol : « Restez au frais ; Qui veut voler doit avant tout apprendre à attendre.

Attendez, attendez et attendez encore. Quatre-vingt pour cent de la science du vol consiste à attendre et à se tenir prêt.

L'hiver était arrivé et recouvrait l'aérodrome d'un épais tapis blanc, rendant le vol impossible. Pendant des semaines, chaque matin, j'ai eu l'espoir que la neige fondrait enfin, et chaque après-midi, je rentrais chez moi déçu.

En février, le temps change enfin. Le 1er février, je m'asseyais joyeusement dans ma Taube et, pour la première fois, je m'élevais dans l'air clair et glorieux de l'hiver. C'était beau maintenant ; et chaque jour notre scolarité progressait.

Voler me convenait et je l'ai vite compris. Et j'étais très fier d'avoir pu voler seul le troisième jour. Deux jours plus tard, par un beau samedi après-midi, mon infatigable instructeur Werner Wieting me demanda si je n'aurais pas envie de créer un joli petit record en réussissant mon examen de pilote. J'ai accepté avec enthousiasme.

Dix minutes plus tard, je m'asseyais dans ma machine, tournant gaiement dans les courbes prescrites. C'était un vrai bonheur de continuer dans le bel air de l'hiver. Et lorsque j'ai réussi un atterrissage parfait, qui a conclu mon examen, et que mon professeur m'a fièrement serré la main et m'a félicité, je me suis senti extrêmement heureux et rempli d'une sensation de satisfaction intérieure.

J'étais enfin pilote. L'école était terminée et je pouvais désormais voler quotidiennement sur l'une des grosses machines de 100 CV.

Une entreprise particulière devait me procurer beaucoup de plaisir. Rumpler venait de terminer un monoplan spécialement conçu pour l'escalade. Notre objectif est désormais d'établir un record de vol à haute altitude. Le célèbre pilote Linnekogel devait piloter l'engin et il m'a demandé de l'accompagner en tant qu'observateur. C'est tout naturellement que j'ai accepté avec ravissement.

L'un des derniers jours de février, nous avons commencé notre premier voyage d'essai. Bien enveloppés contre le froid intense, nous nous sommes assis dans notre machine, et de nombreux regards nous ont suivis avec envie tandis que notre oiseau s'élevait dans les airs avec la légèreté d'une libellule. Montre en main, j'ai noté l'altitude, et au bout d'un quart d'heure nous avions déjà atteint 2000 mètres, ce qui à l'époque était considéré comme une performance extraordinaire. Mais après cela, nous n'avons progressé que lentement. L'atmosphère devenait chaotique et nous étions ballottés comme des plumes par de violents tourbillons ou bosses. Au bout d'une heure, nous avions enfin atteint 4000 mètres, quand, avec un bruit sec et crépitant, le moteur commença à tourner irrégulièrement et s'arrêta complètement au bout de quelques secondes. Nous descendîmes alors en spirales vers la terre, et quelques minutes plus tard, l'engin se retrouva indemne sur le terrain de vol.

Le froid avait été trop fort et le moteur était tout simplement gelé, ce que personne n'avait prévu. De nouvelles améliorations ont été rapidement ajoutées. Après quelques jours, nous repartîmes pour la même aventure, mais cette fois, une meilleure chance semblait nous réserver. Nous avons grimpé régulièrement et en toute sécurité 4 000 mètres, 4 200, 4 500 mètres. Dieu merci, notre dernier record a été battu ! Le froid était presque insupportable, et je suis convaincu que la peau la plus épaisse n'aurait aucune protection contre ce froid.

4800, 4900 mètres ! 400 de plus et notre objectif fut atteint. Mais l'engin semblait ensorcelé, et refusait de grimper encore un mètre ! Toutes nos tentatives pour provoquer un effort supplémentaire ont échoué. Nous manquions d'essence et, cette fois, le moteur a complètement lâché.

Une altitude de 4900 mètres ! Nous avons atterri sans une seule goutte d'essence, presque gelés. Nous n'avions pas réalisé *tout ce* que nous avions prévu ; cependant, c'était un bon résultat. Nous avions remporté, et brillamment, le record allemand d'altitude.

Mais le succès nous a rendu ambitieux. Début mars, les conditions météorologiques se sont à nouveau suffisamment améliorées pour nous permettre de retenter notre chance. Plus chaudement vêtus que la dernière fois et équipés de thermomètres, mais sans appareil à oxygène, nous commençâmes notre troisième tentative.

Nous atteignons facilement la première altitude. Le ciel était couvert d'énormes nuages, l'air glacial. Lorsque nous avons traversé le banc de nuages pour rejoindre le soleil radieux, nous avons vécu une belle expérience. Nous avons soudainement aperçu un Zeppelin radieux, qui tentait également un vol à haute altitude.

Quelle merveilleuse rencontre à 3000 mètres d'altitude ! Loin de l'humanité laborieuse, bien au-dessus des luttes et des souffrances quotidiennes, les deux oiseaux du ciel, témoignage frappant de la force et de l'esprit d'initiative de l'Allemagne, se saluaient.

Nous avons survolé plusieurs fois notre grand frère et lui avons salué amicalement de la main.

Mais après cela, nous avons dû nous attaquer sérieusement à notre tâche et travailler dur pour atteindre notre objectif. Au bout d'une heure nous avions gagné 4800 mètres d'altitude, puis 4900, mon barographe indiquait bientôt 5000, et l'hélice bourdonnait sa mélodie monotone. Linnekogel vira doucement et méthodiquement. Le thermomètre est monté à 37 degrés Celsius ; mais nous n'avons prêté aucune attention au froid. Seul l'air se raréfiait. Une légère sensation de somnolence m'envahit et mes poumons ne fonctionnaient que par halètements rapides et courts. Chaque mouvement devenait ennuyeux. Même se retourner vers le pilote assis derrière moi me semblait un énorme effort.

Le ciel s'était dégagé et paraissait glorieux. Les bancs de nuages avaient disparu et nous distinguions notre capitale située bien au-dessous de nous dans le lointain bleu comme une tache noire, sur laquelle nous remarquions cependant encore la ligne droite de la Charlottenburger Chaussee, culminant dans la rue Unter den Linden. .

J'ai été tellement emporté par cette vision que pendant quelque temps je n'ai prêté attention ni à la montre ni au barographe. Mais j'ai soudain réalisé mon omission en sursaut. Vingt minutes s'étaient écoulées depuis que j'avais enregistré mon barographe à 5 000 mètres, et nous aurions désormais dû battre notre record. Mais j'ai été terriblement déçu de constater que l'aiguille indiquait toujours 5000. Au même moment, Linnekogel commençait à me faire signe de chercher l'aérodrome, en pointant la main vers le bas. C'était dommage. Je me détournai avec dégoût et, comme Linnekogel ne s'en rendait pas compte, je lui frappai le tibia sans trop de douceur. J'ai également écarté mes cinq doigts et pointé vers le haut. Cela signifiait : Plus haut, plus haut ! Nous ne sommes qu'à 5000 mètres !

Linnekogel se contenta de rire. Il a saisi ma main, l'a secouée fort et a ouvert et fermé deux fois les cinq doigts de sa main droite. Je pensais vraiment qu'il était devenu fou. Et ce qui m'a confirmé dans mon opinion, c'est que Linnekogel a étranglé le moteur. Nous sommes juste au-dessus de Potsdam et nous planons vers l'aérodrome de Johannisthal. C'était maintenant à moi de trouver le lieu d'atterrissage. Et seize minutes plus tard, nous étions sains et saufs devant les hangars Rumpler, joyeusement acclamés par la foule des spectateurs.

Nous l'avions fait ! Le record du monde a été battu avec 5 500 mètres.

Le vol n'avait duré qu'une heure et trois quarts en tout. Nous nous tenions fièrement parmi nos compagnons mortels moins fortunés qui étaient restés sur la terre ferme. Linnekogel avait raison. Mon barographe avait gelé, tandis que le sien, mieux protégé, résistait à la température élevée.

Les jours ont passé, et le moment est venu où j'ai dû quitter mon pays.

Mon Taube, qui avait été spécialement construit pour Kiao-Chow, était presque terminé et, avec un sentiment curieux, je l'ai fait faire son vol d'essai, après qu'il ait rempli les conditions requises pour être accepté. J'avais conscience que c'était la plus belle machine volante du monde.

Mais mon ambition ne s'est pas encore réalisée. Il me semblait impératif, avant mon départ pour l'Extrême-Orient, d'effectuer un vol terrestre important en Allemagne.

J'ai eu de la chance. Ma demande reçut une réponse immédiate de la part de Herr Rumpler, qui m'autorisa aimablement à utiliser l'un de ses avions pour un vol de plusieurs jours au-dessus de l'Allemagne. J'ai rapidement réussi mon examen de pilote de terrain, et fin mars, un beau matin à 7 heures du matin, je me suis assis dans mon Taube bien équipé, et sur le siège devant moi, grand et mince, mon bon ami Oberleutnant Strehle de l'Académie de Guerre en tant qu'observateur.

C'était la première fois qu'il montait dans un avion. Mais je pense qu'il n'oubliera jamais son premier vol tant qu'il vivra.

Nous avons commencé brillamment. Et fièrement j'ai décollé, jusqu'à avoir atteint une altitude de 500 mètres j'ai continué en direction du nord. Tout s'est bien passé. Nous passâmes les lacs Havel, aperçûmes Nauen ; mais soudain l'atmosphère devint épaisse et trouble et notre malchance s'installa. Nous étions enveloppés dans un épais brouillard et ne pouvions plus rien voir du sol. Pour le premier vol terrestre de ma jeune vie, c'était un défi de taille. Mais, avec la belle confiance du novice, je me consolais en pensant que le courage était tout, même si les choses ne pouvaient qu'empirer ! Et je volais tranquillement dans l'épais brouillard, en me dirigeant avec ma boussole vers le nord, car notre objectif était Hambourg. Au bout de deux heures, nous distinguons à nouveau le sol à 300 mètres en dessous de nous, et qui pourra décrire notre joie en apercevant un beau et grand champ labouré ! J'ai glissé doucement, comme s'il s'agissait d'un aérodrome, et j'ai atterri sain et sauf au milieu du terrain. Les gens accouraient de tous côtés, et ma joie fut grande lorsque j'appris que nous étions sur le bon sol mecklembourgeois et exactement là où, d'après mes propres calculs et ceux de mon observateur, nous nous attendions à nous trouver. C'était un jour férié et nous avons offert aux villageois une animation gratuite.

Dès que les choses se sont éclaircies, nous avons décidé de partir. Mais le sol mou maintenait les roues fermement et il était impossible de s'élever. Avec des cris de joie et de nombreuses plaisanteries grossières que nous avons dû accepter, les spectateurs volontaires ont propulsé l'oiseau géant sur le terrain.

Après avoir abattu quelques arbres, nous avons dû négocier un fossé et un autre champ. Même si nous avions maintenant l'intention de partir, nous n'étions autorisés à le faire qu'après avoir mangé un excellent café et un quatre-quarts.

Après une puissante poignée de main tout autour et des cris rauques avec des « hourras » sans fin, avec de nombreux mouvements de mouchoirs, nous nous sommes mis en route vers le nord.

Mais notre joie fut de courte durée, car quinze minutes plus tard nous nous retrouvions au milieu de bancs de brouillard gris. Au bout de deux heures, je trouvai la situation devenue désagréable, car ce foutu moteur commençait à s'étouffer et à cracher, et soit il manquait 500 tours, soit il en enregistrait 200 de trop.

J'examinai mon train d'atterrissage et mes soupapes, et constatai avec horreur que mes réserves d'essence diminuaient avec une rapidité effroyable. J'ai gardé ma machine en équilibre le plus possible et j'ai glissé jusqu'à une hauteur de 300 mètres.

Mais, oh, Seigneur ! La brume s'est un peu levée et j'ai pu voir où j'étais, exactement au-dessus de l'Alster, à seulement 300 mètres d'altitude, et cela avec un moteur qui tournait à sec, et sans aucune idée où chercher l'aérodrome de Fuhlsbüttel. Il n'y avait qu'une seule chose à faire : rester calme et cool ! Avant tout, s'éloigner de la ville et ainsi éviter de mettre en péril des vies humaines. J'ai écrit ces mots au crayon sur un bout de papier et je les ai passés à mon observateur : « Nous devons atterrir dans cinq minutes ou nous prendrons un bain froid, car nous n'avons plus d'essence. » Il regarda autour de lui et désigna soudain avec joie un cimetière qui se trouvait juste en dessous de nous. Bon vieux gars ! Il n'avait aucune idée de notre situation difficile et ne pouvait pas deviner quelle ironie inconsciente se cachait derrière son geste.

Nous avions déjà chuté de 200 mètres. Le moteur fonctionnait par à-coups ; le niveau d'essence indiquait 10 litres. Mais j'étais content. Car nous avions maintenant laissé la ville derrière nous, et même si un atterrissage en douceur était impossible, parmi tous ces jardins de banlieue, j'espérais au moins éviter de tuer qui que ce soit. Dans de tels moments, chaque seconde semble une éternité et mes pensées se pourchassaient dans mon cerveau. Mais plus que jamais, j'ai dû faire preuve d'une détermination et d'une maîtrise de soi de fer.

Mon observateur a soudainement commencé à agiter la main et à pointer vers l'avant. Et même maintenant, je peux voir ses yeux pétillants briller sur moi à travers ses lunettes.

Les hangars de l'aérodrome de Fuhlsbüttel, scintillant sous les rayons du soleil couchant, légèrement cernés par la brume, s'étendaient devant nous.

Hourra! Nous avons été sauvés.

Qui peut décrire ma joie ? Avec mon dernier litre d'essence, j'ai décrit une boucle autour de l'aérodrome et, glissant dans une spirale raide, j'ai atterri.

J'ai failli tomber au cou de mon observateur, tellement j'étais heureux. Le cher vieux ne se doutait pas du danger dans lequel nous avions couru, et fut très surpris lorsque je lui en parlai. Même maintenant, quand je sais ce que voler signifie, j'ai froid quand je pense à ce premier vol. J'ai vite découvert ce qui s'était passé. La partie inférieure du carburateur était endommagée et l'essence s'écoulait par la fracture à chaque battement du moteur. Cela expliquait également la chute rapide de l'essence et le fonctionnement irrégulier du moteur. À ce jour, je n'arrive pas à comprendre pourquoi il n'y a pas eu d'incendie.

Après avoir passé trois jours chez des amis chers à Brême, le nouveau carburateur est arrivé à Hambourg. Nous voulions maintenant passer à notre prochaine destination : Schwerin dans le Mecklembourg.

Par un après-midi pluvieux et orageux, nous nous sommes installés dans notre avion entièrement équipé. J'ai démarré le moteur et j'ai mis les gaz à fond.

Aujourd'hui, je ne volerais par un tel temps que si je ne pouvais absolument pas m'en empêcher. Mais à cette époque j'étais encore imprégné de toute la *naïveté* et de l'enthousiasme d'un jeune pilote. Mais nous n'avons pas eu longtemps à attendre de nouveaux développements. L'engin, trop chargé, ne pouvait se soulever : des rafales de vent la jetaient de côté et d'autre comme une balle, et j'aurais fait demi-tour avec plaisir. Mais à cette hauteur, c'était impossible.

Et voici les premières maisons de Hambourg : il était impossible de s'élever au-dessus d'elles. Je volais à 60 mètres quand j'ai aperçu un petit champ. En écrasant mon moteur, je m'apprêtais à atterrir, mais au même moment je fus pris dans un grain et sentis l'avion glisser sous moi. La pensée m'est venue à l'esprit : « Attention, tu tombes ! » et j'ouvris momentanément mon moteur afin d'affaiblir l'amortisseur. Mais au même instant, j'ai ressenti une secousse brusque et la machine s'est redressée sur la tête, comme si quelqu'un l'inclinait vers le bas.

Ce qui a suivi n'a pris que quelques secondes. J'ai tiré sur mon levier, j'ai coupé l'essence et j'ai reçu en même temps un coup sec et violent. Je m'agrippai convulsivement à mon volant et m'envolai dans les airs, me cognant la tête contre une partie de la machine.

Un silence de mort régnait autour de moi.

Ténèbres profondes ; dont je ne fus réveillé qu'en sentant un jet de liquide âcre se déverser sur mon visage.

Je restais immobile, la tête penchée en avant, le corps blotti l'un contre l'autre, les pieds dépassant. Mais soudain, je pris conscience de ma position en sursaut et, obsédé par la peur que l'engin ne prenne feu à tout moment, j'essayai de me dégager de ma position exiguë, jusqu'à ce que je parvienne à couper le contact. Finalement, je repris progressivement conscience de ce qui m'entourait, et ma première pensée fut pour mon pauvre observateur. J'étais sûr que lorsqu'il était assis devant, il avait dû supporter le premier choc et avait probablement été réduit en bouillie, car le fuselage s'était brisé sous l'impact. Comme aucun son ne rompait le silence, j'ai finalement haleté, car j'étais tellement coincé que je pouvais à peine respirer :

« Strehlchen, es-tu en vie ?

Une pause épouvantable ; pas de réponse.

En répétant ma question, j'entendis enfin : « Je dis, que s'est-il passé ? Il fait assez sombre ici, il *doit* s'être passé quelque chose !

Ah, comme j'étais content ! J'ai crié de toutes mes forces : « Strehlchen, mec, tu es toujours en vie, c'est tout ce qui compte ! Et tes os ? Sont-ils entiers ? Mais le pauvre garçon était tellement recroquevillé qu'il ne pouvait que haleter : « Je ne sais pas. Nous verrons plus tard.

De nouveau le silence s'installa. L'essence coulait à flots du réservoir, qui contenait sa pleine capacité de 170 litres ; mais après un temps qui parut une éternité, quelqu'un frappa dehors et une voix lointaine flotta jusqu'à l'endroit où nous étions :

"Eh bien, quelqu'un est encore en vie ?"

« Plutôt », ai-je crié, « mais dépêchez-vous, sinon nous allons étouffer ici. »

Nous entendîmes le soulèvement de la machine, puis le grincement des pelles, et enfin un courant d'air frais souffla sur nous.

"Tiens bon!" cria Strehle. "Essayez l'inverse ou vous me casserez le bras."

Nos aides suivirent mes instructions, et finalement je fus soulevé de mon siège et je m'étendis doucement et à l'aise sur un tas de fumier odorant. Strehle aux longues jambes est rapidement sorti des décombres, et j'ai rarement serré la main avec plus de plaisir qu'avec mon fidèle observateur.

Détruisez tout ! Les choses semblaient mauvaises. La machine s'était complètement renversée et était profondément enfoncée dans le fumier mou. Le fuselage était cassé à trois endroits ; les avions s'étaient transformés en une masse enchevêtrée de bois, de tissu et de fil de fer.

Mais nous étions tous les deux sortis sains et saufs. Strehle s'était légèrement foulé le dos et je n'avais cassé que deux côtes. C'était tout. Je n'ai plus jamais méprisé un tas de fumier. Puisse celui-là et ses semblables prospérer pour toujours. Malheureusement et en boitant, nous avons fait le reste du voyage de retour en train. Après cela, cependant, nous avons profité de nombreux jours de soleil et de lumière, pleins d'activités heureuses et de souvenirs plus heureux, que nous avons collectés comme des fleurs d'une rare beauté et épanouies.

Et puis le devoir a appelé, et le véritable voyage a commencé.

CHAPITRE II

BELLES JOURNÉES À KIAO-CHOW

Pendant des jours, le train m'a emmené de plus en plus loin à travers les steppes et les espaces désertiques de Russie vers ma destination : l'Extrême-Orient.

Moukden, enfin ! Nous dépassâmes bientôt Pékin. Alors... Osinanfou ! Les premiers sons allemands frappèrent à nouveau mon oreille. Et puis, pendant dix heures, nous avons traversé une campagne magnifiquement cultivée, pleine de jardins, de champs et de fleurs ; et enfin le train entra lentement dans la gare de Kiao-Chow.

Je l'ai donc revu après six ans ! Une fois de plus, je me trouvais sur le sol allemand, dans une ville allemande d'Extrême-Orient !

Mes frères officiers m'ont rencontré. Les poneys mongols se sont enfuis et m'ont transporté jusqu'à ma nouvelle maison.

Nous nous rendîmes d'abord à Iltis Place, qui était notre hippodrome et qui était en même temps destinée à devenir mon aérodrome. Il était décoré de manière festive, car tous les Kiao-Chow s'étaient réunis pour assister à un grand match de football entre les marins allemands et leurs camarades anglais du navire amiral anglais *Good Hope* .

Ce dernier était en visite à Kiao-Chow, et le match fut brillant et se termina par un match nul : un tout.

Qui aurait pu prévoir cela ? A peine six mois plus tard, ces mêmes adversaires s'affrontèrent dans un jeu terrible, qui n'admettait que deux issues : la victoire ou la mort. Lors de la bataille de Coronel, les gilets bleus allemands envoyèrent le vaisseau amiral anglais *Good Hope* à sa perte au fond du Pacifique en vingt-sept minutes.

Mais ce jour-là, personne n'était au courant des événements à venir et, unis par des liens d'amitié sincère, les marins allemands invitèrent leurs invités anglais dans leurs cantonnements. Deux jours plus tard, l'escadron anglais quitta notre port, suivi de notre escadron de croiseurs commandé par l'amiral comte von Spee.

Les drapeaux flottaient gaiement au vent, transmettant les signaux des deux amiraux aux commandes : « Adieu, à nous revoir !

Qui aurait pu prévoir que ce serait à Coronel ?

Immédiatement après mon arrivée, et après m'être officiellement présenté, j'ai cherché mon avion, dans l'espoir de pouvoir montrer aux citoyens émerveillés de Kiao-Chow mon bel oiseau géant. Mais--! Je dus réprimer mon enthousiasme, car ma machine naviguait allègrement autour de l'Inde et le paquebot n'arrivait qu'en juillet. « Ce qui ne peut être guéri, il faut l'endurer », me disais-je, et j'avais maintenant tout le temps de visiter Kiao-Chow et de choisir une maison. Une charmante petite villa, tout près de l'aérodrome, était vacante, et j'en pris aussitôt possession avec mon nouveau camarade Patzig. J'avais maintenant tout pour me rendre heureux : mon excellent logement à Kiao-Chow, ce paradis sur terre, le travail selon mon cœur, et, pour couronner le tout, cette charmante demeure, perchée sur une éminence, avec une belle vue sur à Iltis Place et à la mer bleu foncé au loin. En dehors de cela, j'appartenais au détachement de cavalerie et trois années heureuses s'offraient à moi. Qui pourrait être plus content que moi ? Je me suis maintenant mis à aménager ma maison. J'avais un grand nombre de planches sur la décoration intérieure, et avec celles-ci, je rendis visite à un ébéniste chinois et commandai les meubles. Il est merveilleux de voir avec quelle habileté les Chinois sont capables d'imiter nos modèles, en si peu de temps et à moindre coût. Lorsque, quatre semaines plus tard, tout était en ordre, les différentes pièces à leur place et la maison entière rayonnante de propreté, les maîtres de la maison prirent fièrement possession de leur nouvelle demeure. Rien ne manquait. Même des domestiques étaient fournis. Si un Européen veut s'entendre avec les Chinois, il doit s'entourer d'un nombre considérable de serviteurs chinois ; et l'on peut affirmer que c'est pratiquement le devoir moral de tout Européen de le faire.

Maurice, le cuisinier, dans son joli Ishang de soie bleue ; Fritz, le Mafu (marié), un sourire perpétuel aux lèvres, mais très soucieux du bien-être de ses chevaux ; Max, le jardinier, paresseux comme une limace ; et August, le petit « garçon » indifférent, composait notre équipe.

A cela il faut ajouter « Herr » Dorsch et « Herr » Simon.

Ces deux messieurs étaient nos batmen, qui tiraient le meilleur parti de la coutume de l'Extrême-Orient, selon laquelle un Européen ne doit pas effectuer de travail manuel en présence d'un Chinois.

Notre maison était entourée d'un grand jardin, qui contenait aussi les écuries, la remise, le garage et les cabanes des Chinois. Pour moi, le plus important était mon poulailler. Dès mon arrivée, je me suis acheté une poule couchée, je lui ai fait éclore une douzaine d'œufs et lorsque nous sommes entrés dans la maison, nous avions déjà sept poules.

La volaille est bon marché en Chine. La poule coûtait quatre pence, un canard ou une oie un shilling, et en peu de temps j'eus un poulailler de cinquante oiseaux.

Et comme j'étais aussi devenu cavalier, j'avais bien sûr acquis un cheval. Un de mes amis avait un petit rouan déchirant. Nous avons rapidement conclu notre marché et « Fips » a été transféré dans mes écuries. « Fips » était un animal délicieux, un bon cheval de service, mais excellent pour la chasse et le polo, ce qui ne l'empêcha pas de me laisser tomber au début du siège de Kiao-Chow. J'étais entré dans le territoire à cheval la veille de notre enfermement dans la forteresse, et il eut peur d'un éclat d'obus qui éclata près de nous et courut ainsi vers l'ennemi.

La vie à l'Est était très monotone pour les Européens. Très peu socialement, pas de musique, pas de théâtre, des choses qui manquent. La seule consolation est de vivre mieux qu'à la maison et le sport compense pour beaucoup. Je me suis mis au polo avec enthousiasme, et dès que je me suis habitué aux lancers et aux lancers inhabituels auxquels mon cheval me soumettait, j'ai eu beaucoup de succès.

A la mi-juillet, mon désir fut apaisé par l'arrivée du paquebot qui amenait les avions. Dès que les immenses caisses furent posées sur le quai, mes hommes s'occupaient déjà de libérer de leurs sombres prisons mes pauvres oiseaux nés pour le soleil et l'air. Comme ils étaient trop lourds, le déballage a dû être fait sur place. La foule chinoise nous entourait et restait bouche bée. Lorsque nous avons tout sorti des caisses, un cortège triomphal s'est formé, emportant les deux avions, puis trois véhicules avec les avions et deux autres avec les composants. Les chevaux partirent, et nous traversâmes fièrement les rues de Kiao-Chow, et entrâmes en triomphe dans l'aérodrome de la Place Iltis.

La paix était désormais terminée. Jour et nuit, nous avons travaillé au montage de la machine, et deux jours plus tard, au petit matin, sans personne éveillé, mon avion était prêt sur l'aérodrome, et, ouvrant le moteur à fond, j'ai tiré dans la mer claire. air.

Je n'oublierai jamais mon premier vol à Kiao-Chow. L'aérodrome était extraordinairement petit, seulement 600 mètres de long et 200 mètres de large, plein d'obstacles entourés de collines et de rochers. Je ne devais apprendre que plus tard à quel point le démarrage et l'atterrissage étaient très difficiles. Mon ami Clobuczar, un ancien aviateur autrichien – qui servait désormais à bord du *Kaiserin Elisabeth* – m'a dit un jour : « Appelez-vous cela un aérodrome ? C'est au mieux une aire de jeux pour enfants. Je n'ai jamais vu quelqu'un capable de voler dans un endroit aussi confiné. J'ai ressenti la même chose à ce sujet. Et en Allemagne, je n'aurais dû l'utiliser que pour un atterrissage d'urgence.

Mais rien ne pouvait être fait. C'était le seul endroit de tout le Protectorat ; tout le reste était composé de montagnes sauvages fendues de profonds ravins. Mais en ce beau matin ensoleillé, je ne pensais qu'à mon vol et j'effrayais les paisibles habitants de Kiao-Chow, les sortant de leur sommeil réparateur avec le bourdonnement de mon hélice. Mais, quand il s'agissait d'atterrir, je me sentais certainement un peu bizarre, car le terrain était décidément petit, et je faisais lentement le tour, descendant progressivement plus bas, retardant ainsi le moment critique. Cependant, je ne pouvais pas rester en l'air pour toujours, alors je me suis ressaisi, j'ai coupé le moteur et je suis resté sur le terrain un instant plus tard après un atterrissage en toute sécurité. Maintenant, je savais où j'étais. Et le reste de la matinée s'est passé dans mon avion.

Après cela, d'autres travaux m'attendaient. Le deuxième appareil, également un Rumpler-Taube, qui devait être piloté par mon collègue leutnant Müllerskowski, du bataillon de Marines, devait être monté et mis en état de marche. Au bout de deux jours, le 31 juillet 1914, il était prêt dans l'après-midi. Müllerskowski est monté dans son avion et, après avoir reçu mes instructions de départ basées sur mon expérience précédente du terrain de vol, il a décollé.

Mais la fortune ne lui a pas souri.

Son appareil n'était que quelques secondes dans les airs et venait d'atteindre une altitude de 50 mètres – l'endroit critique où l'aérodrome et la terre solide se terminent par une falaise abrupte avec un pic dans la mer – lorsqu'il s'est soudainement retourné sur le sol. aile, et nous pouvions le voir piquer avec une rapidité effroyable vers les rochers.

Nous nous hâtâmes le plus vite possible sur place. Les choses semblaient mauvaises. La machine était complètement détruite et, entre les fragments, nous trouvâmes Müllerskowski. Nous l'avons transporté, grièvement blessé, à l'hôpital, où il a dû rester allongé jusqu'à la fin du siège. De l'avion, il ne reste rien.

Entre-temps, juillet était arrivé et apportait avec lui le temps le plus beau, le soleil le plus radieux et le ciel le plus bleu. C'était le meilleur mois de Kiao-Chow.

La saison balnéaire était à son apogée. Il y avait beaucoup de charmantes dames, pour la plupart originaires des colonies européennes et américaines de Chine et du Japon, visitant « l'Ostende de l'Extrême-Orient » et appréciant la beauté de Kiao-Chow.

L'amusement était à l'ordre du jour. Les promenades en voiture, les soirées équestres, le polo et le tennis remplissaient les heures libres et, le soir, la danse tenait une place incontestée. Il y avait beaucoup d'Anglaises parmi les femmes, et nos relations étaient des plus agréables et cordiales.

Au début du mois d'août, nous avions défié le Polo Club anglais de Shanghai lorsque, le 30 juillet, comme un coup de tonnerre, arriva l'ordre nous avertissant du « danger de guerre ! »

CHAPITRE III

MENACE DE GUERRE—MON TAUBE

Je m'en souviens comme si c'était hier. Aux petites heures du matin, un infirmier est arrivé à notre villa et nous a apporté, à Patzig et à moi-même, l'ordre de nous présenter immédiatement au commandant de la division, car la « protection » avait été ordonnée. Nous avons naturellement imaginé que ce n'était qu'une manœuvre, et nous nous sommes rendus à notre rendez-vous en grommelant. Mais là, nous avons reçu la confirmation d'une nouvelle peu crédible. Et, le doute encore dans le cœur, nous nous précipitâmes vers nos batteries et commençâmes les préparatifs nécessaires.

L'ordre « Menace de danger de guerre », arrivé le lendemain, nous apporta enfin une certitude. Elle fut suivie le 1er août par la mobilisation, le 2 par la déclaration de guerre à la Russie et le 3 par celle contre la France.

Il est impossible de décrire cette époque. Et pour cette raison : nous étions ici, une colonie allemande, une forteresse allemande, la plus grande proportion de la population Kiao-Chow étant composée d'officiers et de soldats. De plus, à en juger par les apparences, Kiao-Chow était devenu international. Des Russes, des Français et des Anglais vivaient avec nous en tant qu'invités. C'était un courant croisé d'opinions et de sentiments, comme on n'en aurait guère pu trouver ailleurs.

La question principale — je voudrais dire *la* question — qui occupait tous nos esprits était : y aura-t-il une guerre avec l'Angleterre ? Seuls ceux qui ont vécu en Orient peuvent juger de ce que cette question signifiait pour nous.

Le 2 août, nous fûmes informés de notre offre pour l'Angleterre. Je suis sorti ce jour-là avec une dame anglaise, et il était naturel que ce sujet soit le principal sujet de conversation. L'opinion de ma compagne, comme celle de tous ses amis, était qu'une guerre entre l'Angleterre et l'Allemagne était impensable, car elle sonnerait le glas du prestige de la race blanche et donnerait aux Japonais jaunes l'occasion de récolter les fruits de leur guerre. nos dissensions.

Bien entendu, nos esprits étaient remplis de cette éventualité. La tension était encore pire que lors des premiers jours de mobilisation. Et lorsque, le 4 août, nous apprîmes la nouvelle que la guerre était déclarée à l'Angleterre, ce fut comme une délivrance : les dés étaient jetés en Europe !

Il est impossible de prétendre que nous nous sommes sentis particulièrement heureux : bien au contraire. Nous nous rappelions sans cesse que nous étions au loin, à Kiao-Chow, tandis que chez nous, ces diables chanceux, nos frères et camarades, se réjouissaient pleinement des jours glorieux de la mobilisation. *Ils* allaient faire la guerre contre un monde d'ennemis, *ils* devaient être autorisés à défendre notre sainte et bien-aimée Patrie, leurs femmes et leurs enfants, pendant que nous étions assis ici, impuissants à les aider ! Cette seule pensée suffisait à nous rendre fous. Car nous savions que ni les Anglais, ni les Russes, ni les Français, qui nous dépassaient tellement en nombre, ne trouveraient le courage de nous attaquer ici. Cependant, l'espoir persistait : « Peut-être qu'ils le feront ! » Oh, quel accueil chaleureux nous leur aurions réservé !

Bien sûr, personne n'a pensé un seul instant au Japon !

Au milieu de tout le travail qu'ont entraîné les journées de mobilisation, nous n'avons pas oublié nos invités. Presque tous étaient des ennemis, mais ils restaient nos invités.

Leur enthousiasme était compréhensible. D'autant plus que la nouvelle du traitement absolument brutal des Allemands par les Anglais dans les colonies britanniques nous parvenait déjà.

Il était naturel que nous rompions nos relations avec les étrangers, mais il allait de soi aussi — et je tiens particulièrement à le faire remarquer aux Anglais — que tous les sujets étrangers soient traités avec la considération qu'on peut attendre de « Huns »seul.

Les étrangers furent informés qu'ils pouvaient rester ou partir de Kiao-Chow sans aucune autorisation ni entrave, et que le gouverneur les avertirait dûment de l'heure à laquelle ils seraient censés quitter la colonie. Il était seulement demandé que personne ne sorte des limites de la ville, ne s'approche des fortifications ou ne se livre à des activités d'espionnage. Qui pourra comparer cela avec le comportement de nos chers cousins de Hong-Kong et de tant d'autres endroits dans le monde. Tous ceux qui ont vécu ces expériences pourraient en écrire de longs volumes. Une consolation nous restait : le Daily Wireless depuis chez soi !

Il est difficile de décrire la joie avec laquelle nous avons reçu cette nouvelle. Habituellement, les télégrammes arrivaient le soir, alors que nous étions assis dans notre petit casino, notre seule conversation, la guerre. Lorsque la glorieuse nouvelle de la victoire nous est parvenue, notre jubilation n'a connu aucune limite. Mais malgré cela, nous ressentions une immense tristesse, car nous n'étions pas avec nos armées locales !

Le 15 août arriva, et avec lui une communication d'une telle ampleur que nous doutâmes de la véracité de ce que nous lisions.

Cela s'est déroulé comme suit :

ÉDITION SUPPLÉMENTAIRE

« Nous considérons qu'il est très important et nécessaire, dans le but de maintenir une paix sûre et durable en Extrême-Orient, conformément au Traité de l'Alliance anglo-japonaise, de prendre dès à présent toutes les mesures nécessaires pour éliminer toutes les causes susceptibles de mettre en danger paix.

« Premièrement, retirer immédiatement des eaux japonaises et chinoises les navires de guerre allemands, ainsi que les navires armés de toute sorte, et démanteler ceux qui ne peuvent être retirés.

« Deuxièmement, remettre immédiatement tout le protectorat de Kiao-Chow – au plus tard le 13 septembre – aux autorités impériales japonaises, sans conditions ni demandes d'indemnisation, avec la perspective de le restituer éventuellement à la Chine.

« Le Gouvernement impérial japonais annonce en même temps que s'il recevait du Gouvernement impérial allemand jusqu'au 23 août 1914 une acceptation inconditionnelle de toutes les conditions mentionnées ci-dessus, il se considérerait obligé de prendre des mesures telles que la situation l'exige.

Notre Gouverneur avait écrit ci-dessous :

« Il va de soi que nous ne pourrons jamais consentir à céder Kiao-Chow au Japon sans tirer l'épée. La frivolité de la demande japonaise n'admet qu'une seule réponse. Mais cela implique qu'il faut compter sur l'ouverture des hostilités à l'expiration de la date fixée. Ce sera un combat jusqu'au bout.

« Compte tenu de la gravité de la situation, nous devons procéder sans plus attendre à l'évacuation des femmes et des enfants. Notre Gouvernement mettra donc à leur disposition un bateau à vapeur préparé pour l'accueil de 600 passagers, afin de les acheminer à Tientsin ce jour vendredi matin. Il est demandé à tous ceux qui ne souhaitent pas rester ici de profiter de cette opportunité, ainsi que des trains qui circulent toujours sur la ligne Shantung.

« Kiao-Chow passe à l'action ! »

Nous savions désormais exactement où nous étions. Nous ne nous faisions aucune illusion ni sur l'amertume ni sur l'issue du combat à venir. Mais jamais le travail ne fut accompli dans un esprit plus élevé et plus infatigable. Une tâche titanesque a été accomplie au cours de ces semaines. Et, du plus vieux officier au plus jeune automobiliste volontaire de quinze ans, tous se sont unis pour mettre leurs connaissances, leurs capacités et leurs efforts au service de leur amour pour leur pays, afin de mettre Kiao-Chow dans un état de défense.

J'ai eu particulièrement malchance. Trois jours après la chute de Müllerskowski, je me levai sous un soleil merveilleux pour ma première reconnaissance importante et revins heureux à Kiao-Chow, après avoir exploré tout le protectorat sur des centaines de milles.

J'étais à 1 500 mètres d'altitude et, en raison des conditions atmosphériques, l'atterrissage a été particulièrement difficile. Alors que j'étais à environ 100 mètres au-dessus de l'endroit et que je mettais le moteur à plein régime, dans le but de faire un nouveau vol et d'atterrir en arrière, le moteur a commencé à cogner puis s'est arrêté complètement. Je n'ai pris qu'une seconde pour examiner mon altimètre, mais cela a suffi pour constater que l'engin n'était plus capable d'atterrir sur l'aérodrome.

Mais je ne pouvais virer ni à droite ni à gauche. Sur la droite se trouvaient le Polo Club et un fossé profond, sur la gauche l'hôtel et les villas.

Je savais qu'il n'y avait plus rien à faire, mais je ne pensais qu'à une chose : protéger le moteur.

Devant moi se trouvait un petit bois et j'espérais pouvoir le franchir. J'ai tiré sur le levier d'altitude, mais dans l'air chaud et raréfié des tropiques, la machine s'est fortement affaissée. J'ai juste réussi à garder ma tête à l'écart des poteaux télégraphiques, puis j'ai remonté mes genoux, j'ai poussé inconsciemment mes pieds vers l'avant, et tout à coup j'ai ressenti un choc puissant, j'ai entendu des bruits de craquement et d'éclatement, et j'ai heurté lourdement le char, après quoi tout a été silencieux. Mais quand je regardai autour de moi, m'étant miraculeusement sorti indemne, j'aperçus mon Taube le nez dans le fossé, sa petite queue très haute dans les airs, et ses ailes et son train d'atterrissage formant un amas confus de bois brisés, de fils et de toile.

.

Oh, mon pauvre petit Taube ! Cela ne serait-il pas arrivé exactement le troisième jour de la mobilisation ! Je me sentais vraiment désespéré. Pourtant, sans perdre complètement courage, j'ai transporté les débris jusqu'au hangar. Heureusement, j'avais reçu de chez moi des hélices et des avions de réserve.

Mon seul espoir était que le moteur se soit échappé ! Je n'avais pas de pièces de rechange et il aurait été impossible de m'en procurer. Je me dirigeai vers les caisses où étaient conservées les pièces de rechange et ouvris d'abord celles qui contenaient les avions. Mais, oh, horreurs ! Une odeur nauséabonde de pourriture nous flottait au visage et, craignant le pire, nous avons ouvert le revêtement intérieur en zinc.

Le spectacle qui se présenta à nos yeux était parfaitement horrible. La boîte était pleine de bois moisi. Le revêtement des avions était pourri. Les nervures des ailes et les différentes pièces de bois, soigneusement emballées, gisaient en tas désordonné et étaient recouvertes d'une couche de moisissure. C'était un triste spectacle. Nous ouvrons maintenant le coffret dans lequel se trouvaient les hélices, où nous retrouvons les mêmes conditions. Les cinq hélices avaient tout simplement cessé d'exister et avaient tellement rétréci qu'elles ne pouvaient plus servir à rien. C'était un casse-tête difficile à résoudre !

Mais, sans perdre courage, mon splendide gréeur, Stüben, le chef mécanicien, s'attaqua au travail, et le même après-midi, je m'asseyais avec Stüben, mes deux chauffeurs, Frinks et Scholl, et huit Chinois des chantiers navals, travaillant dur sur les ailes. .

J'emmenai ensuite au quai l'hélice la moins endommagée et fus tiré de mon embarras grâce à l'excellent modéliste K. qui, avec les Chinois, construisit une nouvelle hélice. C'était un véritable chef-d'œuvre, car il était taillé dans sept épaisses planches de chêne collées ensemble avec de la colle de menuisier ordinaire. Les Chinois utilisèrent leurs haches et fabriquèrent une hélice parfaite, copiant un modèle que K. leur avait préparé. Bien que réalisé à la main, leur travail fait preuve du plus grand soin et de la plus grande précision.

C'est cette hélice que j'ai utilisée pour tous mes vols lors du siège de Kiao-Chow.

Mais nous n'étions pas restés inactifs dans nos hangars. Nous avons travaillé jour et nuit avec la plus grande énergie et déjà, le neuvième jour après mon accident, mon petit Taube était prêt à courir sur le terrain d'aviation au lever du soleil. Il n'est cependant pas difficile de comprendre que mes attentes quant à un vol réussi n'étaient pas très élevées. Mes avions avaient été reconstruits à partir d'une masse de matériaux moisis, et nous devions les gréer du mieux que nous pouvions, car nous n'avions pas d'espaces plats. J'ai décrit le montage de l'hélice, qui, d'ailleurs, a fait une centaine de tours de moins qu'elle n'aurait dû. De plus, les conditions de vol sur cet aérodrome étaient si défavorables que le choix était entre un départ sans faute et une chute irrémédiable.

Mais je n'avais pas à penser à ça. Nous étions en pleine guerre. J'étais le seul aviateur et je devais continuer. Et j'ai eu de la chance !

Pour alléger ma machine, j'avais supprimé tout ce dont je pouvais me passer. C'est pourquoi, au début, mon oiseau s'est levé à contrecœur pour obéir à mes ordres, mais bientôt j'en ai repris le contrôle total. Ensuite, j'ai volé fièrement et j'ai déposé un message devant la maison du gouverneur : « L'avion à nouveau en parfait état !

J'ai alors commencé mes longs vols de reconnaissance. Je parcourus tout le protectorat et volai au-delà de centaines de kilomètres au-dessus des pays lointains, surveillant les voies d'approche et épiant les rochers sauvages de la côte, afin de voir si l'ennemi était proche ou s'il débarquait. Ce furent les plus belles expéditions de ma vie.

L'air était si clair et transparent, le ciel d'un azur si pur, et le soleil brillait divinement et amoureusement sur la belle terre, sur les falaises et les montagnes, et sur la mer profonde qui bordait la côte. Mon âme avait soif de beauté et se délectait des merveilles de la nature pendant des heures.

Mais je n'étais pas totalement indifférent. Dès mon deuxième vol, j'ai pu constater que les rainures collées s'étaient fendues et que, par miracle, l'hélice n'avait pas été déchirée. Il a donc fallu le déconnecter et le redimensionner. Cette petite performance devait être répétée après chaque vol. Dès mon retour, l'hélice a été démontée, j'ai roulé avec ma voiture jusqu'aux quais, là elle a été recouverte d'une nouvelle couche de mastic, vissée sous presse, et le soir je l'ai récupérée, je l'ai fixée sur la machine, et j'ai recommencé le lendemain.

Mais comme l'hélice insistait pour se fendre régulièrement, j'ai collé tout le bord d'attaque avec de la toile et du plâtre collant, ce qui a aidé un peu à le maintenir ensemble.

À Kiao-Chow, en plus de mes fonctions habituelles, j'étais également responsable de la section des ballons captifs, que j'appelais en plaisantant mes « concurrents à la tête gonflée ! »

Avant de quitter Berlin, j'avais suivi une formation de dirigeable, appris à piloter des dirigeables, en plus de quelques exercices avec un ballon d'observation et différents exercices pratiques comme réparer les couvertures des ballons, etc.

La section, toute neuve, était composée de deux énormes ballons de 2000 mètres cubes chacun, d'un sac-ballon et de tous les accessoires nécessaires à la production de gaz et au service des dirigeables.

Un officier marinier, qui avait également une certaine expérience des dirigeables, était la seule personne, à part moi, qui en savait quelque chose. Après avoir déballé toutes les caisses, nous avons rempli les ballons avec beaucoup de soin. Et nous étions extrêmement fiers lorsque le premier gros saucisson jaune était solidement attaché au sol. Personnellement, j'ai attaché chaque ligne avec mon officier marinier, et peu de temps après, le monstre jaune se balançait légèrement sous la voûte bleue du ciel. Nous l'avons descendu et je suis monté seul dans la télécabine pour la première ascension. A cette occasion, j'étais sur le point de commencer mon voyage compliqué vers l'Allemagne, car, lorsque l'ordre « Lâchez prise ! » fut donné, la corde, trop généreusement mesurée, se raidit brusquement et se mêla au câble, tandis que le ballon s'élançait perpendiculairement à 50 mètres dans les airs. L'idée qu'il allait se détacher m'a traversé l'esprit. Une violente secousse a failli me faire tomber de la gondole. Mais comme le câble en acier était lui aussi assez neuf, il a heureusement tenu. Je n'en étais donc pas plus mal, si ce n'était d'avoir acquis une nouvelle expérience.

J'ai ensuite commencé à forer et à former mon équipe, et bientôt le spectacle s'est déroulé avec l'efficacité des anciens.

Notre Gouverneur attendait de grandes choses du ballon d'observation. On espérait qu'il serait d'une grande utilité pour reconnaître l'approche de l'ennemi et la disposition de son artillerie. Ces espoirs étaient voués à la déception, et mes craintes que l'érection des ballons ne serviraient à rien ne se révélèrent que trop justifiées.

Même si j'ai pu envoyer le ballon cerf-volant à 1 200 mètres du sol, nous n'avons pas réussi à visualiser la chaîne de collines qui s'étendait derrière nos positions fortifiées, observant ainsi les mouvements de l'ennemi et surtout la mise en place de son lourd siège. artillerie. Et cela aurait été d'une importance capitale pour les défenseurs de Kiao-Chow.

Le Protectorat de Kiao-Chow s'étend sur une étroite bande de promontoire qui s'étend dans la mer, avec la ville de Kiao-Chow encadrée sur trois côtés par la mer et séparée du continent par une chaîne de montagnes qui a la forme de un demi-cercle. Ce sont les monts Moltke, Bismarck et Iltis. Notre position principale était nichée dans leurs recoins, et à leurs pieds se trouvaient les cinq ouvrages d'infanterie avec les enchevêtrements de barbelés. Vint ensuite une large vallée coupée en deux par la rivière Haipo, puis une nouvelle chaîne de collines, qui s'étendaient également d'une mer à l'autre et étaient destinées à nous apporter le désastre. Derrière eux s'étendait une autre large vallée surmontée des pointes rocheuses sauvages du Lau-Hou-Schan, du Yung-Liu-Chui et du Lauchau.

Il était très important pour nous de savoir ce qui se passait en rase campagne, car depuis le 27 septembre nous étions complètement enfermés derrière nos barbelés. Nous avions surtout hâte de savoir *où* l'ennemi rangeait son artillerie de siège et, comme nous avions été déçus par la fiabilité de notre ballon d'observation, il ne nous restait plus qu'une reconnaissance intelligente de temps à autre et... mon avion !

Les journées d'août s'écoulaient dans un labeur incessant. Kiao-Chow et ses abords devinrent méconnaissables et des positions défensives pour l'artillerie furent ouvertes. A notre grand regret, le charmant petit bois planté avec tant de soin, fierté de Kiao-Chow, fut abattu à nos haches pour dégager la zone de feu. Quelle tristesse de détruire d'un seul coup l'œuvre d'amour de la « Kultur » !

Le 23 août, jour de l'expiration de l'ultimatum japonais, éclata enfin, et l'on comprend qu'aucune réponse ne fut apportée au Japon jaune. Le mot de passe était : « Allez-y ! » Et c'était notre souhait le plus cher.

Je me souviens que le lendemain matin, alors que je regardais de mon balcon la vaste mer bleue, j'ai remarqué à quelques milles marins plusieurs ombres noires qui se déplaçaient lentement d'avant en arrière. J'ai même pu distinguer des destroyers lance-torpilles grâce à mon télescope. Patzig, qui s'est précipité pour se joindre à mes observations, s'en est également convaincu. Bien sûr, n'était-ce pas le 24 ? Donc le gang nous bloquait ! Et les Japonais avaient effectivement osé attaquer l'Empire allemand !

Le combat d'une race jaune, soutenue par une poignée d'Anglais, contre *un* régiment allemand sur le pied de guerre avait commencé.

Immédiatement après l'expiration de l'ultimatum, une troupe de mille hommes se porta dans les avant-postes extrêmes du territoire, afin de le protéger ainsi que les routes d'approche. Ce petit détachement remplit admirablement sa tâche. Il lui fallait défendre un territoire de 30 kilomètres de large, puis un autre de 10 kilomètres, avec une artillerie bien insuffisante. Un millier d'hommes devaient remplacer deux corps d'armée ! Ils se sont battus avec obstination et courage, parfois seulement capables d'opposer des patrouilles volantes aux bataillons ennemis, reculant pas à pas devant des obstacles effrayants. Ce n'est que le 28 septembre qu'ils furent repoussés derrière les principaux retranchements, qui désormais se refermèrent définitivement sur nous jusqu'à la fin du combat.

Durant les premiers jours du siège, je dois dire que les avions ainsi que les avions en général étaient tenus en peu d'estime par les autorités responsables de la garnison de Kiao-Chow. Ceci, il faut l'admettre, était tout à fait naturel, compte tenu de nos malheureuses expositions. Cependant, un changement rapide s'est rapidement produit. Un jour, je survolai de nouveau la côte sud de la péninsule du Chantoung, à la recherche de navires ennemis ou de troupes débarquantes. La côte paraissait déserte et il n'y avait rien à voir. Très soulagé d'être en sécurité de ce côté au moins, je suis rentré chez moi. Tout à fait par hasard, je suis allé le soir à la Maison du Gouvernement pour y voir un camarade. J'y rencontrai par hasard le chef de l'état-major, très pressé car il sortait d'une importante conférence chez le gouverneur pour aller chercher un livre.

Il m'a appelé en passant : « Eh bien, Plüschow, tu as encore volé ?

"Oui, monsieur," dis-je. « Je viens de rentrer. J'ai cherché pendant plusieurs heures sur la côte les troupes ennemies qui débarquaient, mais je n'en ai trouvé aucun signe. »

Je vois encore l'expression étonnée sur le visage de notre chef.

"Que veux-tu dire? Vous avez fouillé la côte ? Et dites-nous seulement maintenant ? Ici, nous délibérons depuis deux heures sur la manière de repousser les grands convois aperçus par nos éclaireurs dans la baie de Dsin-Dsia-Kou. Et vous venez tout juste de là, et pouvez-vous produire des preuves aussi irréfutables ? Allez voir le gouverneur et faites votre rapport immédiatement ! »

Toute la conférence était désormais réglée en quelques mots. Les rapports des éclaireurs étaient bien entendu des inventions. Mais j'étais heureux, car j'avais sauvé la réputation et l'honneur de l'aviation !

Et c'est alors que commençaient mes vols les plus difficiles, mais aussi les plus beaux.

Je devais bientôt recevoir mon baptême du feu. C'était dans les premiers jours de septembre, un dimanche, à 1500 mètres d'altitude, au loin sur le territoire, au soleil. J'aperçus soudain en contrebas un détachement japonais assez important, qui m'accueillit par des volées d'infanterie et des tirs de mitrailleuses. Je suis rentré chez moi, exposant dix impacts de balle dans mes avions. Mais à l'avenir, je ne suis plus descendu en dessous de 2000 mètres, évitant ainsi des risques inutiles pour mon moteur et mon hélice.

Mais le baptême du feu sur terre suivit aussitôt.

Peu de temps après, je me rendis à Chatsy-Kou, où nous avions des avant-postes avancés. Je m'arrêtai devant la maison sans penser au danger. Je fus étonné de constater que tous les officiers et hommes étaient étendus à plat ventre, le long d'une palissade érigée vers la mer. Ils agitèrent leurs bras, ce que je considérai naturellement comme une salutation, leur répondant promptement de la même façon.

J'étais toujours assis dans ma voiture lorsque j'ai entendu un sifflement sifflant près de ma tête, suivi d'un fracas déchirant à moins de 3 mètres. Un obus avait explosé dans la maçonnerie de la maison, et avant que je puisse me remettre de ma surprise, d'autres projectiles suivirent les premiers.

Je me suis jeté hors de la voiture et je me suis mis à l'abri avec les autres. Mes frères officiers éclataient de rire, car, si grave que soit la situation, je devais avoir un drôle de spectacle.

Nous avons alors appris ce qui s'était passé.

Une flottille de destroyers japonais se trouvait devant et tentait de détruire Shatsy-Kou par son feu. Nous avons passé les deux heures suivantes sous le feu des obus, dans notre position exiguë et exposée, sans pouvoir ni voir ni bouger. A midi, les Japonais firent une pause, probablement pour profiter de leur dîner. Pendant que nous examinions les dégâts causés à la maison, les jeunes Chinois ramassaient déjà avec impatience les éclats d'obus. Et, tandis que nous nous asseyions un moment pour prendre une tasse de café, trois petits Chinks sont arrivés avec des visages radieux et ont posé trois obus non explosés devant nous. Cela aurait fait un beau désastre s'ils étaient partis à ce moment-là !

Nous avons commencé peu après notre voyage de retour ; mais alors que nous entrions dans la première vallée, de nouveaux obus explosèrent derrière nous : le bombardement reprit.

Un peu plus tard, Chatsy-Kou dut être évacué avec tout le protectorat et, le 28 septembre, nous nous retirâmes derrière les principaux retranchements, et en même temps le premier bombardement de grande envergure partit de la mer.

"Du bruit!

Au petit matin de ce jour-là, j'étais assis dans mon bain de la meilleure humeur, me rafraîchissant avant un long vol, lorsque j'entendis le bruit le plus épouvantable. Comme notre artillerie avait été active jour et nuit, je n'ai pas prêté beaucoup d'attention à ce vacarme supplémentaire, mais je l'ai attribué au tir de notre obusier de 28 centimètres de la batterie Bismarck, qui gisait au pied de ma villa, et j'ai ainsi jusqu'ici gardé le silence pour économiser nos munitions.

J'ai envoyé mon Batman pour veiller à ce que mon avion soit prêt. Mais au bout de quelques minutes, il revint essoufflé et un peu pâle, et rapporta : « Monsieur, nous devons quitter la villa immédiatement ; nous sommes bombardés par quatre gros navires. Un des obus lourds vient d'atterrir près des hangars, mais, grâce à Dieu, l'avion n'est pas endommagé et personne n'est blessé. Mais je me suis brûlé les doigts. J'ai vu un si beau gros éclat et j'ai voulu l'emporter en souvenir ; il faisait *si* chaud, mais je l'ai quand même compris ! Et il m'a montré, radieux, son mouchoir de poche roussis, qui contenait un énorme éclat d'obus de 30 centimètres ! Mais j'étais déjà sorti de mon bain et j'avais atteint en deux minutes l'aérodrome où, d'efforts conjugués, nous poussâmes mon avion dans un coin plus abrité du terrain. Après cela, j'ai couru voir les bombardements depuis le corps de garde du commandant du rivage.

Ce dernier se trouvait sur une colline d'où l'on avait une vue idéale sur Kiao-Chow. On pouvait suivre le vol de chaque obus, et désormais, chaque fois que je ne volais pas, je m'asseyais ici pendant les semaines suivantes, observant le combat.

Le premier bombardement de Kiao-Chow eut lieu le 28 septembre et fut particulièrement impressionnant.

Le fracas et l'éclatement des obus, accompagnés du rugissement, étaient accentués par l'écho des montagnes environnantes. Les accidents se succédaient et nous avions l'impression que tout Kiao-Chow se transformait en un amas de ruines. C'était une sensation étrange, mais nous nous y sommes vite habitués. On est complètement impuissant face aux explosions d'obus, et on ne peut qu'attendre que tout soit fini, en espérant se retrouver heureusement loin de l'endroit où ils tombent.

Comme les Anglais ont dû se sentir méprisables lors de ce bombardement et de ceux qui ont suivi !

Les navires ennemis se tenaient si loin que nos canons ne pouvaient pas les atteindre. Ils étaient donc en sécurité. Dans la camionnette se trouvaient trois cuirassés japonais et, sous commandement japonais, à l'arrière, le cuirassé anglais *Triumph* .

Je me demande si les Anglais étaient fiers de leur rôle de bourreaux ?

Dieu merci, les dégâts causés par le bombardement n'étaient pas de grande importance, et dès lors nous attendîmes leurs canonnades avec le plus grand calme.

Le soir, j'ai assisté à un spectacle particulièrement triste. Nos canonnières, *Cormoran* , *Iltis* et *Luchs* , ont été coulées par nos soins après avoir été démontées.

C'était un spectacle tragique. Les trois navires ont été attachés ensemble et remorqués par un bateau à vapeur en eau profonde, puis ont explosé et brûlé. Il semblait que les trois navires savaient qu'ils étaient entraînés vers leur perte. Ils avaient l'air infiniment tristes et impuissants, avec leurs mâts nus dressés vers le ciel, et leurs cadres se tordaient dans le feu, comme s'ils ne voulaient pas se transformer en cendres, jusqu'à ce que les vagues les submergent et mettent fin à leur tourment. Le cœur de nos marins était serré de pitié. Ces trois-là furent suivis par *Lauting* et *Taku* , et, peu avant notre capitulation, par le petit *Jaguar* et le croiseur autrichien *Kaiserin Elisabeth* , après que ces deux navires nous eurent rendu d'inestimables services. Leur œuvre remplit l'une des pages les plus glorieuses de l'histoire du combat et de la mort de Kiao-Chow.

CHAPITRE IV

QUELQUES BLAGUES JAPONAISES

Nous étions très intrigués par l'activité de l'armée assiégeante japonaise. Après le premier bombardement, nous pensions tous que les Japonais tenteraient de prendre d'assaut la forteresse, car ils ne pouvaient manquer de comprendre notre faiblesse et qu'il n'y avait qu'un seul fil de fer entre eux et nous.

Les rumeurs les plus folles circulaient parmi nous : « Les Japonais n'osent pas nous attaquer, tant les choses vont si bien pour nous en Europe ! » ou "Les Américains envoient leur flotte à notre secours et forceront les Japonais à se retirer !" Et puis encore : « Les Japonais veulent seulement nous affamer ; ils veulent que Kiao-Chow tombe entre leurs mains avec le moins de dégâts possible !

Mais nous ne sommes jamais allés au-delà de simples conjectures. Tranquillement et systématiquement, et sans que nous puissions les en empêcher, les Japonais débarquèrent leurs troupes, construisirent des routes et des voies ferrées, amenèrent de l'artillerie lourde et des munitions, se retranchèrent devant nos enchevêtrements et avancèrent lentement vers notre ligne de défense.

Je me mis maintenant à ma tâche principale : reconnaître la position des batteries lourdes ennemies.

Chaque jour, dès que le temps le permettait — et l'hélice ! — dès l'aube, dès qu'il faisait jour, je partais en voyage vers l'inconnu. Et quand le soleil se levait, je restais suspendu comme un point d'argent haut dans l'éther, tournant pendant des heures autour des positions ennemies et surplombant tout notre Protectorat bien-aimé envahi par un ennemi impudent, qui voulait nous coincer et nous détruire.

Mon travail était dur, mais je l'aimais, et il a été couronné de succès, et les efforts incessants de l'ennemi pour m'abattre m'ont convaincu que j'avais *réussi* .

Comme je l'ai déjà mentionné, j'étais désormais le seul aviateur à Kiao-Chow – « le maître-oiseau de Kiao-Chow », comme m'appelaient les Chinois. Aussi, je n'avais à ma disposition qu'un seul Taube. Je devais être prudent et ne pas prendre de risques inutiles, sinon mon travail aurait été terminé.

C'est ainsi que j'ai effectué mes reconnaissances.

Dès que je survolais l'ennemi, je réduisais mon moteur de telle façon qu'il gardait l'altitude de son propre gré. J'ai ensuite accroché ma carte au bâton, pris un crayon et un cahier, et observé ce qui se passait en dessous à travers l'espace entre les avions et la queue. J'ai lâché le bâton et j'ai dirigé uniquement avec mes pieds.

J'ai ensuite fait le tour d'une position jusqu'à en maîtriser parfaitement les détails, j'en ai fait un croquis et je les ai notés dans mon cahier. J'ai rapidement acquis une telle compétence que j'ai pu écrire et dessiner sans interruption pendant une heure ou deux. Quand j'ai senti ma nuque se raidir, je me suis retourné et j'ai regardé de l'autre côté. Je le faisais jusqu'à ce que je sois satisfait de mes notes, et parfois j'étais tellement emporté par mon travail qu'il fallait que je sois averti par un coup d'œil sur mon enregistreur d'essence qu'il était grand temps de rentrer chez moi.

Je suis toujours revenu de la même manière. J'ai survolé les quais et la ville en cercles fiers, et lorsque j'ai atteint mon aérodrome, j'ai coupé le moteur et j'ai atterri sur terre dans un vol plané et raide, qui m'a atterri sain et sauf en quatre minutes. Car il fallait être rapide. Les tirs d'infanterie et de mitrailleuses étaient continuellement dirigés vers mon avion alors qu'il survolait les positions ennemies ; Lorsque cela s'est avéré inutile, l'ennemi a utilisé des éclats d'obus, ce qui était des plus répréhensibles.

Les Japonais me réservaient toujours de nouvelles surprises. Un jour par exemple, un jour de ciel bleu et de soleil radieux, alors que je revenais d'une reconnaissance et que j'allais atterrir, j'aperçus un grand nombre de nuages blancs et pelucheux, qui semblaient parfaitement délicieux vus d'en haut, planer au-dessus de mon aérodrome à une altitude d'environ 300 mètres.

Mais je me suis vite aperçu que les Japonais essayaient une de leurs petites blagues, car ces jolis nuages étaient provoqués par des tirs d'obus de 10½ centimètres !

Il n'y avait rien d'autre à faire que de grincer des dents et de se frayer un chemin. Quatre minutes plus tard, ma machine tombait d'une altitude de 2000 mètres et je la poussais aussi vite que possible sous un hangar dont le toit était protégé par de la terre.

Il me fallut maintenant recourir à la ruse.

Parfois, alors que je survolais encore le camp ennemi, je coupais brusquement mon moteur et je piquais perpendiculairement sur un coin de mon aérodrome, de sorte que les Japonais étaient convaincus qu'ils m'avaient ailé. Le temps qu'ils se remettent de leur surprise, j'étais déjà en train de mettre ma machine en sécurité, leurs éclats d'obus éclatant bien trop tard.

Mais alors que je revenais inlassablement, les Japonais ont riposté en plaçant deux de leurs batteries de 10,5 centimètres si loin derrière et tellement sur le côté que leurs éclats d'obus m'ont facilement atteint pendant que je tournais au-dessus d'eux. C'était très désagréable, et mon sort aurait souvent été scellé sans mon agilité à prendre un virage serré et à éviter ainsi un coup.

Les éclats d'obus ont alors éclaté si près que malgré le bruit du moteur, j'ai pu entendre le vilain aboiement de l'explosion et ressentir la violente pression de l'air qui a fait rouler mon avion comme une vieille barge en mer, ce qui a rendu l'observation extrêmement difficile.

Je dois dire que chaque fois que j'ai atterri en toute sécurité, j'ai ressenti une fierté et une satisfaction immenses face à mon exploit, et j'ai salué joyeusement de toute la puissance de mes poumons.

Après des heures de plus grand effort et de plus grand danger, j'ai de nouveau senti la terre solide sous mes pieds, et ce malgré les fusils et les éclats d'obus.

Dès que j'ai touché terre, mes quatre assistants ont pris la fuite, sans craindre le danger de la grêle d'obus, et m'ont aidé à ranger ma machine. Mon fidèle chien, Husdent, sautait autour d'eux en aboyant joyeusement.

Et tandis que tous les quatre étaient occupés à préparer mon avion pour le prochain vol, j'étais déjà assis au volant de ma voiture, toutes mes cartes et rapports dans ma poche, avec Husdent à mes côtés, et je courais à nouveau sur la route sous les éclats d'obus. incendie à Government House, où mes rapports étaient attendus avec impatience.

Je crois que tout le monde sympathisera avec ma joie et ma fierté lorsque j'ai été autorisé à présenter mes dessins et mes observations. Certains jours, j'avais pu découvrir jusqu'à cinq ou six batteries ennemies, et souvent mes observations remplissaient quatre pages de rapports.

La poignée de main chaleureuse avec laquelle le gouverneur et le chef d'état-major m'ont remercié pour mon travail était une récompense suffisante.

Et pendant que je rentrais chez moi, pour déjeuner et prendre un repos bien mérité, j'entendais déjà le tonnerre de nos canons qui lançaient leurs grêlons de fer sur les positions de l'ennemi que je venais de découvrir.

CHAPITRE V

MA RUSE DE GUERRE

COMME ma petite maison était maintenant triste et désolée !

Dès le début du siège, mon bon Patzig fut obligé de me quitter et de rejoindre son commandant de batterie de 21 centimètres. Il n'avait vécu que quatre semaines en possession de notre belle petite maison, et maintenant il était assis dans sa redoute et remplissait son devoir jusqu'à ce qu'il ait tiré son dernier obus et que les Japonais, avec leurs obusiers lourds, aient rasé tout le sol. de sa batterie.

Dès le premier coup de feu, mon cuisinier chinois Moritz m'a laissé tomber par infidélité et un soir, j'ai découvert que Fritz, Max et August avaient également disparu sans laisser de trace.

Au bout de quelques jours, un nouveau cuisinier chinois, Wilhelm, apparut et raconta avec des gestes emphatiques :

« Gentil Maître, je suis un très bon cuisinier ; je ne m'éloigne pas comme le méchant Molitz ; je n'ai aucune crainte ; je fais plein de bons chau-chau.

Je l'ai cru, j'ai promis de lui donner cinq dollars et plus. Les choses se passèrent plutôt bien, jusqu'au jour où les premiers obus ennemis éclatèrent près de ma maison et Herr Wilhelm disparut aussi rapidement que ses prédécesseurs.

J'étais maintenant assis seul dans ma maison déserte avec mon fidèle Batman, Dorsch. Nous étions les seuls habitants de tout le quartier des villas d'Iltis Bay.

Ce n'était pas exactement un endroit sûr ou agréable, car les villas étaient construites sur la colline qui abritait nos principales batteries, et les obus ennemis qui sifflaient devant elles tombaient droit au milieu de nous. Mais nous étions très prudents. C'est-à-dire que nous avons quitté notre dernier étage et nous sommes installés confortablement et en toute sécurité au rez-de-chaussée. Par mesure de précaution supplémentaire, nous avons placé nos lits dans un coin, de manière à ce qu'ils soient éloignés d'une fenêtre, et nous avons ainsi assuré une immunité suffisante. Heureusement qu'aucun obus lourd ne venait contester cette position.

Mais je ne suis pas resté longtemps seul maître de l'air.

Dans la matinée du 5 septembre, sous un ciel couvert, avec des nuages bas, nous avons soudainement entendu le ronronnement d'un moteur, et j'ai couru chez moi pour voir ce qui s'était passé. J'étais à peine là qu'un immense biplan est apparu au-dessus de nos têtes. J'étais sans voix et j'ai regardé l'apparition avec étourdissement. Mais bientôt les premières explosions déchirèrent l'air, et j'aperçus alors les boules rondes rouges sous les avions.

C'était un Japonais !

Je dois dire que je me sentais un peu bizarre en voyant mon énorme collègue ennemi flotter si près de nous dans le ciel. De belles perspectives pour l'avenir !

Kiao-Chow considérait l'arrivée de l'aviateur ennemi comme une surprise des plus désagréables, car personne ne s'attendait à ce que les Japonais soient équipés d'avions.

Au total, ils produisirent finalement huit avions, parmi lesquels quatre gigantesques hydravions, dont j'enviais de tout cœur les Japonais. Combien de fois, au cours des semaines suivantes, je les ai regardés avec envie, alors qu'ils tournaient en rond dans la ville, et en souhaitais un !

Les Japonais volaient bien et avec un courage extraordinaire. Il est cependant heureux que leurs largages de bombes n'aient pas été à la hauteur, sinon cela aurait été une mauvaise situation pour nous. Les bombes japonaises étaient lourdes, de construction récente et très destructrices.

Les hydravions ennemis avaient également un énorme avantage sur nous. Ils ont pu décoller à grande distance, sans tenir compte du vent, avec autant d'espace pour tourner qu'ils le souhaitaient ; et lorsqu'ils furent montés en toute sécurité à l'altitude de 3000 mètres, ils fondirent sur nous et se moquèrent simplement de nos éclats d'obus et de nos mitrailleuses.

L'un des principaux objectifs de l'ennemi était de détruire mon hangar. Bientôt, les choses devinrent si désagréables pour mon aérodrome qu'un beau jour je décidai qu'il était temps d'arrêter le petit jeu de mes collègues ennemis.

Mon vrai hangar se trouvait à l'extrémité nord du terrain ; c'était une cible magnifique et les Japonais connaissaient son emplacement par cœur. J'ai maintenant construit discrètement un nouveau hangar sur le côté opposé, près d'un versant de montagne, en le recouvrant de mottes de terre et d'herbe, de sorte que rien de tout cela ne puisse être remarqué d'en haut. Nous avons ensuite procédé avec une profonde ruse et une grande malice à la construction d'un faux avion, à l'aide de planches, de toiles à voile et de fer blanc. Vu d'en haut, il ressemblait exactement à mon Taube. Et après, dès qu'un aviateur ennemi était en vue, on jouait une petite comédie.

Certains jours, les portes de mon ancien hangar étaient grandes ouvertes et mon imitation de Taube s'étalait devant, sur la belle herbe verte. Sur d'autres, le hangar était fermé et rien n'était visible. Un autre jour, ma fausse machine était installée à un endroit différent, où elle pouvait être repérée immédiatement. Maintenant, les aviateurs ennemis sont arrivés et ont largué des bombes et des bombes dans leurs efforts pour atteindre l'oiseau innocent. Pendant ce temps, nous étions assis dans le véritable avion, bien protégés par notre toit, nous tenant les côtes en riant tandis que nous voyions les bombes chercher leur fausse victime.

Un jour, alors que nous en avions été spécialement inondés, j'ai ramassé un fin éclat d'une bombe d'aviation japonaise, j'y ai apposé ma carte de visite et j'ai écrit :

« Salutations les plus amicales aux collègues ennemis ! Pourquoi nous timides-tu avec des objets aussi durs ? Si vous n'y faites pas attention, vous finirez par nous faire du mal ! Ce n'est pas fait.

J'ai pris cette lettre sur mon prochain vol et je l'ai déposée devant la station d'hydravions japonaise.

Mais ce n'était que pour annoncer ma visite.

Pendant ce temps, un de nos hommes préparait des bombes pour moi. Des spécimens tout simplement merveilleux ! D'énormes boîtes en fer blanc de 4 livres chacune, sur lesquelles on pouvait lire en grosses lettres : « Sietas, Plambeck & Co., meilleur café de Java ». Ils étaient remplis de dynamite, de clous en fer à cheval et de ferraille, d'un longeron de plomb fixé en bas et d'une mèche en haut. Elle a explosé par une pointe de fer pointue qui a heurté l'amorce percutante d'une cartouche. Toutes ces choses me paraissaient assez étranges, et je les traitais avec la plus grande prudence, toujours heureux quand j'en avais fini avec elles. Mais ils n'ont jamais causé beaucoup de dégâts. Une fois, j'ai heurté un torpilleur, et même alors, il n'a pas explosé ; à plusieurs reprises, j'ai raté de peu un convoi. Et un jour, j'ai appris par des rapports japonais que j'avais largué une bombe au milieu d'une colonne japonaise en marche et que j'avais envoyé trente bombes jaunes dans les régions inférieures !

Je me suis vite remis de la première émotion agréable du bombardement. En dehors de cela, mon temps était pleinement occupé et les résultats ne justifiaient pas le temps que j'avais perdu.

J'ai souvent rencontré mes collègues ennemis dans les airs. Je n'avais pas envie de ces rencontres, car je ne pouvais pas faire grand-chose avec ma lente et laborieuse ascension du Taube contre les énormes biplans qui transportaient un équipage de trois hommes. Je n'osais surtout pas oublier que mon objet principal était de faire des reconnaissances, puis de ramener ma machine à Kiao-Chow en bon état.

Un jour, j'étais occupé à mes observations, lorsque mon avion commença à tanguer et à se balancer. Je pensais que cela était dû aux bosses dans l'air, causées par les nombreuses montagnes escarpées et accidentées de ce pays, qui rendaient le vol extraordinairement difficile. Sans même lever les yeux, j'ai continué à faire des observations, ne saisissant le levier de commande que d'une seule main afin de maintenir l'avion stable.

Après mon retour, j'ai été informé, à ma grande surprise, qu'un avion ennemi avait volé si près de moi qu'ils pensaient que je devais être abattu.

La prochaine fois, j'ai été plus prudent. Et, apercevant un de mes collègues ennemis, je le suivis et l'abattis avec mon pistolet Parabellum, après avoir tiré trente fois.

Peu de temps après, je faillis partager son sort. Je n'étais qu'à 1700 mètres d'altitude et, malgré tous les efforts, je n'arrivais pas à monter plus haut. J'étais juste au-dessus de la station d'hydravions ennemis alors qu'un des grands biplans démarrait. J'effectuais alors ma reconnaissance en me disant : « Eh bien, il peut se remuer jusqu'à arriver à ma hauteur !

Mais au bout de quarante minutes, alors que je regardais à ma gauche au-dessus de l'avion, je vis que l'ennemi gagnait déjà sur moi à quelques milliers de mètres seulement. Cela signifiait être sur ses gardes et monter plus haut. Mais mon Taube refusait tout simplement de bouger et je ne pouvais pas gagner un mètre supplémentaire. Un quart d'heure seulement s'écoula avant que l'autre type me distança et vint en diagonale sur ma piste, essayant de me couper la route de Kiao-Chow.

Il s'agissait maintenant de parier sur celui qui atteindrait le premier Kiao-Chow, mais j'ai gagné la course. De retour à mon aérodrome, j'ai simplement plongé et à peine ai-je atteint le sol que des bombes ont explosé tout autour de nous.

C'est extraordinaire comme ils trouvent parfois leurs marques !

Des ordres stricts avaient été donnés à Kiao-Chow selon lesquels tout le monde devait se mettre à l'abri dès qu'un aviateur ennemi était aperçu. Nous n'avons eu que deux victimes : un sous-officier et un Chinois. Et c'était assez merveilleux. Sur mon aérodrome, j'avais une centaine de coolies, et ils se mettaient toujours en sécurité. Un jour pourtant, un indigène resta debout au milieu du terrain, tout seul, à regarder le gros oiseau. Claquer! Une bombe s'est précipitée dans les airs et a explosé à quelques pas de là. Le pauvre diable a été durement touché. Pour avoir vraiment de la malchance, rien de plus simple que de se trouver sur place où volent des obus et autres missiles lourds.

CHAPITRE VI

HOURRA!

Entre-temps, COMMENT les choses se passaient-elles pour Kiao-Chow ? Les bombardements maritimes étaient devenus quotidiens, et bientôt les batteries terrestres ajoutèrent leur boum à cette discorde infernale. Il n'y avait plus de sécurité en dehors des redoutes et des localités à l'épreuve des bombes. Les tirs devinrent de plus en plus intenses et, certains jours, depuis la seule mer, plusieurs centaines d'obus semi-navaux de 30 centimètres furent tirés sur le petit Kiao-Chow.

Le 14 octobre, nos fortifications navales de Hu-Chuin-Huk furent directement sous le feu. Les navires ennemis étaient loin en mer, et après la deuxième volée, le petit avant-poste fut submergé sous un déluge d'obus lourds. Maintenant, volée après volée. Les fortifications entières disparaissaient derrière les colonnes d'eau, de flammes et de fumée, et le grondement et le fracas des obus éclatants faisaient trembler la terre.

Comme d'habitude, je me trouvais ce matin-là à l'affût du commandant de la côte, à environ 1 000 mètres du fort, et j'ai ainsi été témoin de ce spectacle terrifiant.

Parfois, les éclats d'obus longs d'un mètre volaient en vrombissant et en sifflant étrangement au-dessus de nos têtes, sans que nous y prêtions la moindre attention, tant nous étions tellement absorbés par ce que nous voyions, qui était si prodigieux qu'aucun mot ne pouvait le décrire convenablement.

Nous pensions avec une profonde tristesse à la courageuse garnison et à sa destruction certaine ; mais tout à coup, au milieu du feu le plus nourri, notre vieux canon de 24 centimètres tira un coup de feu, et nos jumelles furent immédiatement fixées sur les navires ennemis.

Soudain un « Hourra ! » joyeux et triomphant. » jaillit de nos lèvres, car un de nos obus explosifs avait touché d'aplomb le navire de guerre anglais *Triumph* , au milieu de son pont. *Le Triumph* a immédiatement viré de bord et s'est enfui de toutes ses forces, et lorsque notre deuxième obus s'est lancé à sa poursuite un peu plus tard, il n'a pu toucher l'eau qu'à environ 50 mètres de sa poupe.

Le Triumph s'enfuit après quelques signaux, qu'il échangea avec le vaisseau amiral japonais, et partit pour Yokohama pour des réparations.

Les trois navires japonais continuèrent leur bombardement, désormais à distance plus respectueuse, de sorte qu'il était inutile de tirer plus longtemps avec nos vieux canons, qui ne pouvaient parcourir la moitié de la distance.

A midi, le bombardement cessa enfin, l'ennemi ayant alors raison de supposer que le fort était détruit et tous ses habitants tués.

L'état-major du commandant de la côte se précipita aussitôt vers le fort Hu-Chuin-Huk ; et je le suivis aussi dans mon automobile.

Toujours sous l'impression du terrible spectacle du bombardement, nous fûmes très surpris à notre arrivée de voir toute la garnison se démener joyeusement, ramassant des éclats et admirant les immenses cratères que les obus ennemis avaient creusés dans le sol.

Quelle chance! Pas un homme blessé, pas une arme à feu blessée, pas un impact sur les salles à l'épreuve des bombes !

Le résultat total du bombardement intense s'est réduit à une boîte à biscuits brisée et à une chemise de soldat qui pendait pour sécher et a été déchirée en lambeaux ! Il était étrange de penser que des canons de 51 et 30,5 centimètres étaient utilisés à de telles fins !

Un obus lourd avait traversé les fines tourelles d'acier et reposait paisiblement près du canon sur les plaques de fer !

Nous connaissions désormais le secret de notre coup chanceux : nos armes n'avaient en réalité qu'une portée de 160-100°. Mais les artilleurs avaient réussi, avec d'infinies peines, à élever le canon de plusieurs seizièmes de degré plus haut, et il portait ainsi 200 à 300 mètres plus loin.

Après avoir chargé la culasse à son angle le plus élevé, les courageux artilleurs et leur vaillant commandant de batterie, l'Oberleutnant Hasshagen, s'étaient tranquillement collés à leurs canons sous les tirs d'obus les plus nourris, jusqu'à ce qu'enfin l'un des navires arrive à portée de frappe. Et le meilleur, c'est qu'il a touché la bonne cible ! Il est dommage que la *Triumph* se soit enfuie si vite, sinon elle n'aurait pas échappé à son sort ce jour-là. Mais, malgré tout, il l'a rattrapée un peu plus tard.

Ce que nous n'avons pas pu réaliser, notre ami Hersing l'a accompli au printemps 1915, lorsqu'il a envoyé avec son sous-marin ce même *Triumph* au fond de la mer dans les Dardanelles, vengeant ainsi la garnison de Kiao-Chow. Nous lui devons toute notre gratitude pour ce service.

Des liens d'amitié sincère m'attachaient aux officiers et à la garnison du fort Hu-Chuin-Huk.

Je ne leur appartenais pas vraiment, car d'une part mon aérodrome était proche du fort, et d'autre part ils surveillaient régulièrement mon départ et surtout mes efforts pour me dégager de leurs canons. Et plus d'une fois les hommes étaient prêts à sauter à la mer et à me sauver, car ils pensaient que je tombais à l'eau avec ma machine.

Mais chaque fois que j'étais l'invité du remarquable commandant du fort, le Kapitänleutnant Kopp, nous peignions notre retour triomphal en Allemagne après la guerre dans les couleurs les plus éclatantes et avions bien sûr décidé que j'entrerais avec la garnison du fort. Hu-Chuin-Huk.

Le 17 octobre, tard dans la soirée, un groupe d'officiers se rassembla à la tribune du commandant de la côte et attendit, haletant, que son commandant, le Kapitänleutnant Brunner, dirige le blocus avec son destroyer lance-torpilles S.90.

Deux soirs auparavant, il était sorti pour tenter vaillamment de poser des mines sur la route des navires japonais. Aujourd'hui, il allait accomplir sa dernière et la plus difficile tâche : percer la ligne des destroyers lance-torpilles ennemis et attaquer l'un des navires ennemis. C'était une nuit claire et il n'y aurait plus de lune après dix heures. Le moment est venu. Dix sonnèrent, puis 10 h 30, la tension devint insupportable. On ne voyait rien de S.90. Soudain — il était onze heures — nous aperçûmes une ombre étroite et grise qui se déplaçait avec précaution sur l'eau sous les Montagnes des Perles. Et bientôt les yeux aiguisés de nos marins reconnurent la forme du torpilleur. "Bonne chance à vos braves hommes!" Nos cœurs les accompagnaient de nos vœux les plus chaleureux. Le bateau disparut de notre vue, et bientôt fut proche le moment dangereux où il faudrait percer les lignes ennemies. Nos yeux étaient fascinés par le large, attendant à tout moment le clignotement des projecteurs et le tonnerre des canons.

Mais tout était silence.

Il était minuit. Une autre demi-heure s'écoula : nous respirions plus facilement, car l'ennemi ignorait encore l'attaque à venir. A ce moment-là, notre bateau devait avoir atteint le gros de la flotte. Les minutes se sont transformées en heures. Personne n'a parlé.

Soudain, à une heure du matin, au loin vers le sud, en pleine mer, une immense colonne de feu, et puis de toutes parts les doigts sinistres et tâtonnants des projecteurs et un murmure et une vibration lointaine.

Hourra! C'était l'œuvre de S.90. Et déjà à 13h30 nous avons reçu le radio suivant :

«J'ai attaqué les croiseurs ennemis avec trois torpilles, enregistré trois coups sûrs. Le croiseur a explosé immédiatement. Je suis pourchassé par des destroyers lance-torpilles, je reviens à Kiao-Chow coupé, je tente de m'échapper vers le sud et, si nécessaire, je fais exploser le bateau.

BRUNNER. »

Ce fil est un éloge suffisant pour le commandant, les officiers et l'équipage.

Quelques semaines plus tard, sans prémonition, j'ai rencontré le S.90 à Nankin, mais c'est une autre histoire.

CHAPITRE VII

LE DERNIER JOUR

LE siège s'est déroulé comme prévu. Les Japonais s'enfoncèrent de plus en plus près ; ils firent appel à des canons de plus en plus lourds et, à plusieurs reprises, d'importants corps d'infanterie japonaise lancèrent des attaques nocturnes contre nos positions d'infanterie, mais furent chaque fois repoussés. Après cela, ils soumirent ces derniers et les fils de fer devant eux à un feu continu, qui ne cessa ni de nuit ni de jour. Nos canons non plus n'étaient jamais silencieux, mais malheureusement nous avons dû avancer lentement à cause des munitions qui nous restaient. La durée extraordinaire du siège, les tirs d'artillerie incessants et la terrible tension dans laquelle nous vivions commençaient à nous peser. Mes propres nerfs devenaient incontrôlables.

Je ne pouvais plus me forcer à manger et dormir était devenu impossible. Quand je fermais les yeux la nuit, je voyais immédiatement ma carte et, au-dessous de moi, le Protectorat avec ses tranchées et ses positions ennemies. Ma tête tournait et mes oreilles me faisaient mal à cause du tourbillon de l'hélice, et j'entendais encore et encore les paroles du chef d'état-major :

« N'oublie jamais, Plüschow, que tu as désormais plus de valeur pour Kiao-Chow que notre pain quotidien. Ne manquez pas de revenir et de faire tourner la machine ! Et n'oubliez pas que nos coquilles sont peu nombreuses, et que nous les utilisons selon vos indications. N'oubliez pas vos responsabilités !

Dieu sait que je ne risquais pas de les oublier. Je n'avais d'autre pensée que les positions ennemies en tête, visualisant à maintes reprises les fortifications que j'avais survolées, essayant de me rappeler si j'avais réellement *vu* ce que j'avais rapporté et déterminant si les quelques obus que nous possédions encore avaient été détruits. pas été gaspillé à mon instigation.

Quand je m'étais creusé la tête en vain pendant des heures, il m'arrivait de m'endormir vers trois heures du matin, épuisé de corps et d'esprit. Mais à peine avais-je déposé que le service m'a appelé et mon mécanicien s'est tenu à mon chevet pour signaler que mon appareil était prêt pour un autre vol. Cela signifiait une action rapide, et je me retrouvais bientôt à côté de mon Taube, testant toutes ses pièces.

Parfois, je me sentais bizarre et plutôt nerveux ; mais dès que je fus installé dans mon siège de pilote et que je tenai la manette des gaz dans ma main, après avoir fait un signe de tête à mes assistants, je n'eus qu'une pensée, et c'était d'accomplir ma tâche avec une détermination et un calme de fer. Et lorsque j'ai franchi le départ et atteint en toute sécurité quelques centaines de mètres d'altitude, je me suis senti à nouveau tout à fait à l'aise.

Une circonstance me déprimait particulièrement : la solitude absolue, l'éternelle solitude de mes fuites. Si j'avais seulement eu un camarade avec qui j'aurais pu échanger des signes occasionnels, cela m'aurait énormément aidé. Et une autre cause de découragement était l'impossibilité de tout vol pendant plusieurs jours, à cause de la pluie ou de mon hélice défectueuse. Et quand j'ai recommencé, j'ai constaté tant de changements dans les positions ennemies que j'ai failli sombrer dans le désespoir. Que faire face à cet enchevêtrement de tranchées, de zigzags et de nouvelles positions ? Souvent, la carte tombait de mes doigts nerveux. Mais cette phase n'a pas duré.

Je me ressaisis, pris mon crayon et regardai vers le bas. Et bientôt, je n'avais plus aucun œil sur ce qui se passait autour de moi : toute mon attention était concentrée sur l'ennemi et mes notes.

Le 27 octobre était pour nous un jour de fête. Le télégramme suivant a été reçu de Sa Majesté le Kaiser :

« Moi et toute la nation allemande regardons avec fierté les héros de Kiao-Chow, qui accomplissent leur devoir fidèlement à la parole de leur gouverneur. Soyez assuré de ma gratitude.

Il n'y avait presque personne à Kiao-Chow dont le cœur ne battait plus fort à cause de cet éloge. Notre chef de guerre suprême, qui avait tant de travail à accomplir dans son pays, n'a pas oublié sa fidèle petite troupe en Extrême-Orient. Chacun de nous a juré de faire son devoir jusqu'au bout, afin de plaire à son Kaiser.

Bientôt le 31 octobre, jour de l'anniversaire du Mikado, approchait. Nous avions constaté, grâce à nos éclaireurs, que les Japonais avaient fixé le jour pour la prise de Kiao-Chow. Il est impossible de le décrire.

Les Japonais avaient placé toutes leurs batteries terrestres prêtes pour la nuit, et à 6 heures du matin, le 31 octobre 1914, le bombardement commença depuis la terre et la mer.

Leurs premiers tirs firent exploser les réservoirs d'essence et une épaisse et immense colonne de fumée s'éleva vers le ciel comme un signal inquiétant de vengeance. Les Japonais tiraient depuis la terre avec de lourds obus de 20 centimètres, et les navires avaient braqué sur nous leurs canons les plus lourds. Le sifflement des obus des obusiers qui descendaient, le sifflement et l'explosion des grenades et leurs détonations lorsqu'elles éclataient, les aboiements des éclats d'obus et le rugissement de nos propres canons produisaient un vacarme comme si l'enfer lui-même avait été déchaîné.

Les ouvrages avancés et tout le pays environnant furent également gravement endommagés ; les sommets des collines furent rasés et de profonds cratères creusés dans le sol.

Dans la soirée, nous constatons un ralentissement du feu ennemi. Il était convaincu, et nous aussi, que toutes nos défenses avaient été rasées, car elles ressemblaient à un amas de ruines. Mais lorsque nos vaillants garçons en bleu se précipitèrent vers leurs canons pour les extraire de la masse de terre et de pierre, ils trouvèrent presque toutes les batteries relativement intactes.

Soudain, au plus profond de la nuit, alors que nous pouvions remarquer la formation des colonnes d'assaut, de chaque bouche de canon sortait un flot de tirs, qui dut causer des pertes infinies aux Japonais.

Il n'y eut pas d'attaque comme cela avait été prévu, et le lendemain, l'artillerie ennemie nous bombarda sans enthousiasme. En même temps, il était assez vigoureux pour enregistrer cinquante coups sûrs sur notre petit fort de Hu-Chuin-Huk.

Les Japonais profitèrent de l'expérience de cette nuit-là. Huit jours et nuits terribles suivirent, car leur artillerie tonnait sans interruption.

On aurait pu supposer qu'aucun d'entre nous n'aurait pu échapper à cet horrible incendie tonitruant ; mais, comme par miracle, nous avons eu très peu de victimes. L'artillerie japonaise tirait avec une grande précision, ce qui n'est pas surprenant puisque nombre de ses officiers d'artillerie avaient été formés à notre école d'artillerie de Juteborg. Mais leurs munitions étaient pourries. Et cela a prouvé notre salut.

Ils n'ont jamais réussi à pénétrer dans aucune de nos redoutes ou localités à l'épreuve des bombes. C'est à cela, ainsi qu'à leurs tirs à blanc, que nous devons nos pertes insignifiantes.

Je voudrais faire remarquer aux cavillers d'Allemagne, qui se plaignaient que notre combat pour Kiao-Chow n'aurait pas pu être sérieux si nous avions relativement si peu souffert, que nous n'avions tenu qu'une seule ligne de défense, composée de cinq ouvrages d'infanterie, un parapet et un misérable enchevêtrement de fils de fer. Cette ligne mesurait 6 000 mètres de long et était tenue par 3 000 hommes. Nous n'avions ni seconde ligne ni seconde position, et surtout pas d'hommes à consacrer à leur défense, car toute notre garnison ne comprenait que 4,000 hommes.

Lorsqu'après une semaine de tirs d'artillerie nourris et continus, nos enchevêtrements de barbelés et notre parapet furent réduits en morceaux, ce fut une tâche facile pour les 30 000 Japonais - que nous avions tenus à distance pendant des semaines - de se précipiter et de forcer la reddition de Kiao-Chow. .

Au début du mois de novembre, nous avons préparé la fin. Le 1er, notre fidèle allié, le croiseur autrichien *Kaiserin Elisabeth* , a été détruit par son vaillant équipage après avoir tiré son dernier coup de feu. Quelques jours plus tard, il fut suivi par notre dernier navire, la courageuse petite canonnière *Jaguar* .

Notre pont et notre grue suivirent, puis vint le tour de nos quais.

Nos armes ne nous aidaient plus beaucoup. Quelques-uns étaient hors de combat, d'autres avaient été détruits par l'artillerie ennemie, et la plupart nous en avons fait exploser nous-mêmes.

Le 5 novembre 1914, je fus moi-même contraint d'entreprendre la destruction de mon biplan. J'avais réussi, assisté d'un ancien aviateur autrichien, le Leutnant Clobuczar, à construire un magnifique et grand hydravion biplace. Il était prêt et j'avais eu l'intention d'effectuer une reconnaissance avec lui, car il n'était plus possible d'utiliser notre champ d'aviation, distant de 4 000 à 5 000 mètres seulement, mais tenu sous le feu constant de l'ennemi.

Rien ne devait sortir de mon biplan, et tout notre travail fut vain, car cet après-midi-là, notre chef m'a convoqué et m'a dit :

« Nous nous attendons à une attaque principale japonaise d'une heure à l'autre. Veillez à quitter la forteresse en avion, même si je crains que les Japonais ne vous en laissent pas le temps. Et maintenant, que Dieu vous accélère, et puissiez-vous vous en sortir sain et sauf. Je vous remercie pour le travail que vous avez fait pour Kiao-Chow !

Il m'a donné la main. J'ai dit, au garde-à-vous :

« Je me signale docilement avoir quitté la forteresse ! Et avec cela, j'ai été licencié.

Je pris congé de mes officiers supérieurs et de mes camarades, et on me confia un gros paquet de correspondance privée. Puis je retournai une dernière fois à ma villa et dis adieu à mes chambres et aux nombreux objets auxquels je m'étais attaché. J'ai ouvert la porte de mon écurie, libéré mon petit cheval et mes poules, et suis descendu vers mon avion pour le préparer pour son dernier vol. Après cela, je me suis penché sur ma carte, je l'ai appris par cœur et j'ai fait mes calculs.

La nuit, je montai au sommet de la colline, où mon ami l'Oberleutnant Aye résistait depuis des semaines, avec sa petite batterie, sous les tirs d'obus les plus violents. De là, on avait une vue magnifique sur Kiao-Chow et ses environs. Je suis resté assis quelque temps sur le plus haut sommet, fasciné par le panorama à mes pieds. Au-dessous de nous, une mer de feu, avec des éclairs provenant des canons qui tonnaient à travers l'espace, et comme un fil d'or tendu d'une mer à l'autre, les tirs jaunes des fusils et des mitrailleuses. Juste au-dessus de ma tête, des milliers d'obus hurlaient, sifflaient et sifflaient, balayant de près le sommet de la colline, déterminés à atteindre leurs cibles. Derrière moi, nos obusiers lourds rugissaient leur dernier message, et au loin, depuis la pointe la plus méridionale de Kiao-Chow, les canons de 29 centimètres du fort Hstanniwa déversaient leur chant du cygne.

Déchiré jusqu'au plus profond de mon âme, je retournai à Aye, et après lui avoir pris chaleureusement congé, emportant avec moi tous ses bons vœux pour mon entreprise, je le quittai, après lui avoir chaleureusement serré la main.

J'étais le dernier officier de Kiao-Chau à le faire, car il tomba quelques heures plus tard dans le combat héroïque mais inégal contre les Japonais, lui et sa vaillante petite troupe préférant la mort à la capitulation. Un exemple vraiment brillant de noble héroïsme.

Je passai le reste des heures avec mes quatre vaillants assistants, attendant prêts près de ma machine afin de pouvoir exécuter mes ordres à tout moment en cas de percée japonaise.

Le 6 novembre 1914, au petit matin, alors que la lune brillait encore, mon avion s'est arrêté pour le décollage et mon hélice a fredonné gaiement son hymne matinal.

Il n'y avait plus de temps à perdre. Le terrain de l'aviation était devenu extrêmement inconfortable à cause des tirs continus d'obus et d'éclats d'obus.

J'examinai une nouvelle fois ma machine, serrai la main de mes hommes, caressai la tête de mon fidèle chien, puis j'ouvris les gaz et mon Taube s'élança comme une flèche dans la nuit.

Soudain, alors que j'étais à environ 30 mètres au-dessus du centre de l'aérodrome, mon engin reçut un choc effroyable, et je ne pus l'empêcher de s'écraser vers le bas qu'en déployant toutes mes forces. Une grenade ennemie venait d'éclater et la pression de l'air provoquée par la détonation m'a presque envoyé au sol. Mais, Dieu merci, un gros trou dans mon avion gauche causé par un éclat d'obus était le seul dommage.

La grêle habituelle d'obus a suivi : mes derniers adieux aux Japonais et à leurs alliés anglais.

Quand j'ai été assez haut, je me suis retourné une fois de plus pour regarder notre cher petit Kiao-Chow, qui avait souffert et qui souffrirait encore tant. Notre deuxième pays bien-aimé : le paradis sur terre.

Deux lignes de tir, se faisant face, étaient clairement distinguables, et le faible rugissement des canons pouvait être entendu – précurseurs sûrs d'une nouvelle attaque et d'une défense désespérée.

Serions-nous capables de le conjurer une troisième fois ? J'ai agité la main vers Kiao-Chow ! Adieu, mes fidèles camarades qui combattent là-bas !

Ces adieux furent infiniment amers et je luttais pour retrouver mon calme. J'ai jeté ma machine d'un coup sec et je l'ai dirigée vers le cap Taschke.

Lorsque le soleil s'est levé dans toute sa splendeur, je flottais déjà dans l'éther bleu, au-dessus des sommets sauvages des montagnes du sud.

J'avais géré le blocus de manière vraiment moderne.

CHAPITRE VIII

DANS LA BAVE DE LA RIZIÈRE CHINOIS

La flotte ennemie était ancrée derrière les montagnes des Perles. Je n'ai pas pu résister à la tentation et j'ai de nouveau volé autour d'eux. Puis je m'éloignai de plus en plus vers la Chine du Sud, une terre inconnue et un destin incertain. J'ai traversé des montagnes escarpées, des rivières et de vastes plaines, traversant parfois la mer, puis de nouveau au-dessus des villes et des villages.

Je me suis guidé à l'aide d'une carte et d'une boussole et, à 8 heures du matin, j'avais déjà parcouru 250 kilomètres et j'atteignais ma destination : Hai-Dschou, dans la province du Kiangsu.

J'ai scruté la plaine en contrebas à la recherche d'un point d'atterrissage convenable ; mais mes perspectives n'étaient pas très prometteuses.

Les pluies torrentielles des dernières semaines avaient transformé le sol en un véritable marécage. Les seuls endroits secs étaient couverts de maisons ou de tumulus chinois. Finalement, je découvris un petit champ de 200 mètres de long et 20 mètres de large, délimité par des fossés profonds et de hauts murs sur deux côtés, et par la rivière sur les autres.

L'atterrissage fut incroyablement difficile, mais il n'y avait aucune aide pour cela, car je ne pouvais pas rester éveillé éternellement. De plus, j'étais en Chine, pas en Allemagne, et je peux m'estimer chanceux d'avoir trouvé cet endroit.

Je suis descendu dans de larges courbes. Et après une forte spirale, au cours de laquelle l'engin s'est fortement affaissé à cause de la dépression de l'atmosphère, j'ai atterri au milieu de la rizière marécageuse à 8h45.

L'argile était si molle et collante que l'avion s'enfonçait dans la boue et que les roues restaient bloquées ; mon engin s'est posé sur son nez, se transformant presque en tortue au dernier moment. L'hélice s'est brisée en fragments, mais heureusement, je m'en suis sorti sans blessure.

Le silence qui régnait m'a paru étrange après le fracas incessant et les troubles de la guerre des dernières semaines. Ma petite Taube se reposait calmement et paisiblement sous un soleil radieux, la petite queue relevée et le nez enfoncé dans la boue. Je pouvais distinguer au loin une foule de Chinois — hommes, femmes et nuées d'enfants — qui se pressaient avec émerveillement. Eux, ainsi que tous les autres Chinois sur les terres desquels j'avais survolé, ne pouvaient pas expliquer ma présence, car j'étais le premier aviateur qu'ils aient jamais vu, et ils étaient tous convaincus que j'étais un mauvais esprit déterminé à leur destruction. Ainsi, lorsque je suis sorti de ma machine et que j'ai essayé de leur faire signe, rien ne pouvait les retenir. Ils s'enfuirent tous en hurlant et en hurlant, les hommes en premier, laissant derrière eux les enfants qui restèrent en offrande de paix au diable. Je ne pense pas que mon apparition aurait pu provoquer une plus grande consternation dans la plus sombre Afrique.

Avec une prompte décision, je courus après eux, tirant trois ou quatre d'entre eux par leurs nattes jusqu'à la machine, afin de les convaincre que le gros oiseau était inoffensif.

Cela m'a aidée au bout d'un moment, et quand je leur ai présenté quelques pièces d'or, ils ont affirmé que par un heureux hasard ils étaient en présence d'un Bon Esprit ; ils ont donc volontiers aidé à remettre l'avion en position horizontale. Quand les autres ont vu cela, ils se sont rassemblés en une telle foule que j'ai été surpris que la machine ne soit pas écrasée.

Comme les Chinois étaient émerveillés ! Comme ils ont tout touché et tout examiné ! Comme ils riaient et bavardaient !

Seuls ceux qui connaissent les Chinois et leur caractère enfantin peuvent mesurer la situation amusante dans laquelle je me trouvais.

J'étais assis sur mon siège de pilote, au-dessus de la boîte en fer blanc contenant les papiers secrets, un pistolet Mauser à la main, entouré d'une horde d'enfants de la nature dont il était impossible de se débarrasser, même si j'avais tenté à plusieurs reprises. Les créatures souriaient simplement joyeusement et se moquaient de moi.

J'ai finalement été libéré de cette situation difficile par un « Bonjour, monsieur », retentissant à mon oreille. Un monsieur, qui s'est présenté comme étant le Dr Morgan de la mission américaine, se tenait devant moi. Nous nous sommes salués chaleureusement et j'ai informé le Dr Morgan de ce qui s'était passé et lui ai demandé d'utiliser sa connaissance de la langue chinoise, qu'il parlait couramment, pour m'aider. J'ai vite compris que j'étais entre de bonnes mains.

Mon énorme passeport chinois, que j'avais apporté de Kiao-Chow, fut immédiatement envoyé au mandarin ; une heure plus tard, un détachement de quarante soldats arrivait de la caserne située à peu de distance pour garder ma machine.

J'ai accepté avec plaisir l'invitation à déjeuner du Dr Morgan et, chargé de tous les objets mobiles de mon avion, je suis parti avec lui vers la Mission.

J'ai été accueilli avec beaucoup de charme et j'ai fait la connaissance de Mme Morgan, ainsi que de Mme Rice, l'épouse du missionnaire américain, et d'un certain M. G., qui ont tous pris le plus vif intérêt pour moi.

Je venais de m'asseoir pour déjeuner, lorsqu'un officier chinois parut, m'annonçant qu'une garde d'honneur, composée d'une compagnie de soldats, avait été placée devant la maison, et qu'il avait les ordres de son mandarin de s'assurer de mes vœux. et comment j'étais. Mais le mandarin lui-même me rendrait visite dans une demi-heure.

J'étais ravi de tant de courtoisie.

Dix minutes plus tard, de nouveaux visiteurs arrivèrent ; cette fois les autorités municipales de Hai-Dschou, qui désirèrent me saluer en personne.

La situation était unique. Je me suis assis au milieu de ces vénérables vieux Chinois, après avoir échangé de nombreux saluts et hommages. La conversation s'anime bientôt, le Dr Morgan faisant office d'interprète.

Leurs questions n'en finissaient pas : d'où suis-je venu ? Comment ça s'est passé à Kiao-Chow ? Était-il vraiment vrai que j'étais venu par les airs ? Combien de temps ai-je mis pour mon vol ? Quelle magie avais-je utilisée pour pouvoir voler ? Il n'était guère possible de répondre à toutes leurs questions, et, bien que notre interprète se soit donné une peine infinie, je suis sûr que les Fils du Ciel n'en étaient pas beaucoup plus sages.

Bientôt, il y eut une légère pause.

Pendant que nous discutions, des visiteurs furent annoncés pour la maîtresse de maison, et dix ou douze charmantes petites femmes chinoises, enveloppées dans de merveilleux vêtements et pantalons de soie, passèrent devant nous. Deux ou trois d'entre eux s'attardaient près de la porte de la pièce dans laquelle nous étions assis, et nous regardaient avec une fascination et un respect effrayés, de grands yeux ronds et de petites bouches entrouvertes. Mme Morgan les appela depuis la pièce voisine, et ils sursautèrent effrayés et s'enfuirent. Je n'ai appris la raison de leur comportement étrange que plus tard. Il semble que ce soit un *faux pas social* pour une femme chinoise de naissance douce d'offenser un visiteur masculin par ses regards curieux.

Les trois pécheurs reçurent une sévère réprimande. Je dois avouer que cette coutume ne me plaisait pas, car j'aurais aimé bien voir les élégantes petites dames.

Mon hôtesse m'a confié qu'elle aussi avait été harcelée par les questions de ses invités. Ils voulaient surtout savoir qui était cet Esprit Malin qui menaçait leur ville en criant et en grognant. Lorsqu'on leur apprit que c'était un simple homme qui venait de Kiao-Chow, ils rirent et déclarèrent qu'ils n'étaient pas assez bêtes pour croire *cela* !

Mme Morgan m'a assuré en riant que tout ce qui pourrait mal tourner au cours des deux prochaines années, comme les mauvaises récoltes, les fausses couches, les incidents de toute sorte, serait imputé à moi et se révélerait d'un service inestimable aux hommes-médecine. .

Le mandarin arriva vers onze heures, précédé d'un tumulte de tam-tams, de tambours et de sifflets. Il s'avançait avec une grande dignité, figure imposante, aux proportions rondes, au crâne soigneusement rasé, vêtu de magnifiques vêtements de soie. Nos salutations étaient extrêmement formelles et les profondes révérences au sol semblaient interminables.

Le mandarin s'enquit pensivement de ma santé et de mes souhaits, et m'assura de son aide et de sa protection. Il prit congé avec la même cérémonie.

Aussitôt revenu de cette visite officielle et invité à souper avec le mandarin, je procédai au démontage de mon avion.

Mais c'était plus facile à dire qu'à faire. Je ne possédais qu'une clé et je devais maintenant chercher des outils. De plus, j'étais en Chine et dans une partie du pays où les mille dernières années n'avaient apporté aucun changement. Les clés ou les tournevis étaient des quantités inconnues.

Enfin je découvris une hache dans la mission américaine et un misérable objet qui ressemblait à une scie.

Je me mis au travail avec ces outils et, comme je souhaitais au moins sauver de la destruction mon fidèle moteur Mercédès de 100 chevaux, je le sciai et le taillai hors du corps. Preuve suffisante de la minutie du travail allemand, car il m'a fallu quatre bonnes heures pour le détacher.

Afin de me conformer aux lois neutres, j'ai remis le moteur au mandarin pour qu'il le garde en sécurité.

Puis vint la partie la plus triste. Comme le reste de mon engin, même sans les avions, ne pouvait franchir aucune des rues ni des portes de la ville, j'ai dû l'abandonner aux flammes. J'ai versé de l'essence dessus, j'y ai allumé le feu et je l'ai vu se transformer en cendres sous mes yeux.

Et tandis que je regardais l'holocauste de mon pauvre et courageux Taube, j'avais l'impression de perdre un ami cher et fidèle.

CHAPITRE IX

M. EMPOISONNEMENT À LA PTOMAINE DE MACGARVIN

Le soir, le mandarin donnait sa réception.

Quand je suis sorti de chez moi, toute la cour était illuminée de torches et d'innombrables grandes lanternes chinoises. Les gardes présentèrent les armes, les tambours battaient et les musiciens nous donnèrent des airs qui ne plaisaient guère qu'aux oreilles chinoises. Le Mandarin m'avait même envoyé son propre palanquin.

Je n'oublierai jamais cette soirée. J'étais assis sur une litière tapissée de soie bleue, avec des fenêtres à rideaux, qui était portée par huit robustes gaillards. Devant, sur les côtés et derrière le palanquin, défilaient des soldats baïonnettes au canon et des dizaines de coureurs munis de lanternes en papier. Le palanquin se balançait doucement au rythme des porteurs. Toutes les dix minutes, l'homme en tête donnait un signal fort en frappant le sol avec son bâton ; la civière s'arrêta, les porteurs déplacèrent les perches de transport sur l'autre épaule, et nous continuâmes comme le vent.

Après quarante minutes nous arrivâmes au palais du Mandarin. Une musique à couper le souffle, des ordres criés et la lumière de nombreuses lanternes et torches nous ont accueillis. Les portes centrales des portails gigantesques s'ouvrirent devant moi, et devant le dernier le Mandarin lui-même s'avança pour me recevoir.

Plusieurs hauts dignitaires et généraux étaient déjà rassemblés et, après les salutations cérémonielles, le thé vert et léger ordinaire était distribué en signe de bienvenue. J'en profitai pour présenter au Mandarin mon pistolet Mauser, ainsi que des munitions, en témoignage de ma gratitude. Il était visiblement content et nous nous sommes assis pour manger dans la bonne humeur. Une immense table ronde, couverte d'une cinquantaine de plats, dans laquelle nageaient les plus délicates spécialités chinoises, attendait notre plaisir. En tant qu'invité d'honneur, on m'a remis un couteau et une fourchette, et le festin a commencé. J'ai additionné les cours, mais j'ai perdu le compte au trente-sixième ! Mais qu'en est-il du menu ? Des délicats nids d'hirondelles aux plus belles nageoires de requins ; de la salade de canne à sucre aux ragoûts de poulet les plus parfaits, rien n'avait été oublié. Il fallait que je goûte à tout, et le mandarin était infatigable dans ses attentions, et il lui arrivait même de sortir telle ou telle friandise de son assiette pour la poser de ses propres doigts sur les miennes ! Nous avons bu de la bière en bouteille d'Allemagne ! Et du schnaps allemand.

La tâche de M. Morgan était la plus difficile, car il lui fallait interpréter la conversation, qui n'était pas dénuée d'aspects comiques.

Les combats autour de Kiao-Chow, les pertes des Japonais et des Anglais et les vols intéressaient surtout les Chinois. Leurs questions ne se sont jamais taries.

J'ai pris congé de mon mandarin avec beaucoup de reconnaissance et, le lendemain, j'ai fait de même avec mes aimables hôtes.

Lorsque j'ai atterri avec mon avion, je n'avais qu'une brosse à dents, un morceau de savon et mon kit de vol, *c'est-à-dire* ma veste en cuir, une écharpe et des leggings. J'avais également emporté un costume civil avec moi. J'ai maintenant enfilé ce dernier. La fille de notre missionnaire, âgée de cinq ans, m'a offert son vieux petit chapeau de feutre miteux pour remplacer ma casquette de sport, qu'un Chinois avait volée pendant que je démontais ma machine. Et le soir, je fus de nouveau conduit en cérémonie à la jonque, qui fut mise à ma disposition.

Ma suite, et en même temps garde d'honneur, pendant le voyage à venir, se composait du général chinois Lin, bien connu comme combattant des pirates, de deux officiers et de quarante-cinq hommes, sans compter l'équipage du bateau. J'étais terriblement épuisé après tout ce que j'avais enduré et je me rendis dans ma petite chambre en bois où, à ma grande joie et surprise, au lieu du lit en planches, je trouvai un beau sac de couchage avec matelas et couvertures, que l'épouse attentive du missionnaire qui m'avait fait monter à bord. Sans cela, j'aurais dû m'en sortir avec mes vêtements de sport fins. Il faisait un froid glacial, le vent sifflait par les interstices et les recoins, et je pouvais voir le ciel étoilé à travers l'auvent. Et tandis que mes pensées s'attardaient sur mes courageux camarades de Kiao-Chow, et que je me rappelais avec gratitude les nombreux combats et dangers que j'avais traversés pour accomplir ma tâche jusqu'au bout, le sommeil me rattrapait et m'enveloppait dans ses bras.

Le voyage se déroulait par étapes lentes. Les jonques étaient traînées vers l'amont par deux coolies, au moyen d'une corde attachée à notre tête de mât. Il nous a fallu une journée et demie pour parcourir la première étape jusqu'à Bampu, que j'avais parcourue en vingt minutes avec mon avion. Plus tard, nous sommes allés plus vite, surtout avec un vent favorable qui gonflait nos voiles. Mais ce n'est que cinq jours plus tard que nous arrivâmes à Nankin.

Nos progrès m'intéressèrent énormément, car nous traversâmes un entrecroisement de rivières jusqu'au fameux canal de l'Empereur, et par là nous atteignîmes Nankin par le Yangtsé-kiang. Le pays était célèbre pour ses pirates et nous traversâmes des villes où aucun Européen n'avait mis les pieds. Pendant la journée, tandis que la jonque était remorquée, je me promenais sur la berge avec le général et quelques-uns de nos gardes, et j'observais avec un grand intérêt la vie active et peuplée de ces villes, encore épargnées par la civilisation occidentale. Des hommes, des femmes et des enfants chinois sortaient en courant de leurs maisons et regardaient avec étonnement un homme blond aux yeux bleus qui ne portait pas de chapeau. Et ils touchaient parfois mes vêtements pour se convaincre que j'étais bien humain.

Mes promenades et ma vie sur la jonque se déroulaient tranquillement et plutôt silencieusement. Mon courtois général, bien qu'il portait des vêtements européens, avait les bandes typiquement chinoises enroulées autour de ses chevilles, et il arborait une fine et longue « queue » coquettement rentrée sous la ceinture de sa veste. Ce brave homme ne connaissait pas un mot d'autre langue que le chinois, et je ne savais rien de tout cela. Pendant nos repas, qui étaient des plus riches, mais sentaient terriblement l'oignon et l'ail, nous nous asseyions l'un en face de l'autre et nous souriions amicalement - et c'était toute notre conversation.

Enfin, le 11 novembre, nous arrivâmes à Yang-dchou-fou, et on imagine avec quelle avidité je me jetai sur le premier journal.

Plein d'enthousiasme dans l'attente d'entendre enfin parler du sort de Kiao-Chow, j'ai dévoré les pages du *Shanghai Times* . Là, sur la deuxième page, le nom Kiao-Chow. Mais qu'est-ce que c'était ? Une telle trahison pourrait-elle exister dans le monde ? Car avec dégoût et dégoût pour la couvée anglaise de basse altitude, voici ce que j'ai lu :

« LA LÂCHE CAPITULATION DE KIAO-CHOW. LA FORTERESSE PRISE SANS COUP FÉRIR. LA GARNISON IVRE ET PILLÉE. »

Et après cela, il y a eu tellement de boue, des mensonges si bas que j'ai jeté le papier avec dégoût. Et c'est ce que les Anglais, qui s'étaient comportés avec si peu de valeur devant Kiao-Chow, osèrent affirmer de nos valeureux défenseurs !

Ah mais je ne connaissais pas alors les journaux anglais ! Plus tard, à Shanghai, et aussi en Amérique, j'ai dû m'habituer à bien pire de la part de la presse américaine, sans parler de la presse anglaise. Mais maintenant, au moins, j'étais certain du sort de Kiao-Chow, qui était inévitable dès le début. Je vis aussi combien j'avais quitté la forteresse à propos, à la veille, pour ainsi dire, de sa reddition forcée. Nous sommes arrivés sains et saufs à Nankin le 11 novembre 1914.

J'ai été chaleureusement accueilli à la station par le Kapitänleutnant Brunner, commandant du torpilleur S.90, et ses officiers.

Nous nous rendîmes en voiture aux bâtiments qui avaient été attribués aux officiers et à l'équipage du S.90 et où, à mon grand étonnement, une chambre était déjà préparée pour moi. Comme je m'en demandais avec étonnement la raison, mes camarades me dirent que j'allais être interné, et qu'ils se réjouissaient tous d'en avoir un quatrième à Skat. J'ai protesté haut et fort que je ne jouais pas aux cartes ; aussi, j'avais mes propres opinions sur la question de l'internement, mais je les gardais pour moi.

Je me rendis donc avec mon général Lin au palais du gouverneur de Nankin. Malheureusement, ou plutôt heureusement, nous ne pouvions pas voir le gouverneur, et un vieux médecin chinois nous reçut très gentiment à sa place et exprima l'espoir que je serais très heureux à Nankin.

Je l'ai remercié chaleureusement, même si je n'avais pas une telle intention !

Je pris alors congé de mon général Lin, qui semblait visiblement soulagé d'avoir terminé sa mission ; mais, lorsque je montai dans ma voiture, un soldat chinois entièrement armé me suivit.

Lorsque, stupéfait, je lui demandai des explications, il me dit dans un allemand assez intelligible qu'il était ma « garde d'honneur », qu'il était attaché à moi pour ma *protection* et qu'il m'accompagnerait désormais dans toutes mes allées et venues.

C'était *dommage* ! Ne m'avait-on pas formellement assuré à Haï-Dchou que mon déplacement à Nankin n'était qu'une pure formalité et que je serais absolument libre ?

Alors ils voulaient m'interner ?

Dans ce cas, je devais agir rapidement, avant de donner aux Chinois l'occasion de m'annoncer ce fait et de me priver de ma liberté. La « garde d'honneur » était une nuisance, mais j'espérais trouver le moyen de m'en débarrasser.

Le soir même, nous fûmes tous conviés chez un ami allemand. J'avais arrêté mon plan. Après quelques heures agréables, pendant lesquelles il me fallut raconter sans cesse les derniers jours de Kiao-Chow, les autres officiers prirent le départ à dix heures, suivis de leurs fidèles sentinelles. Je suis resté, mais après une demi-heure, j'ai décidé qu'il était impératif pour moi de partir, si je voulais encore m'enfuir.

Mais quand mon hôte sortit de la maison, qui vit-il ? Mon gardien jaune ! Nous étions dans le pétrin ; mais avec une décision prompte, j'envoyai notre « garçon » lui demander ce qu'il voulait dire par attendre, car tous les messieurs étaient partis depuis un bon moment, et il serait puni de sa négligence s'il ne les rattrapait pas.

Et tandis que le pauvre diable s'enfuyait dans leur sillage, une voiture fermée m'emmenait à la gare à une vitesse vertigineuse. J'étais juste à temps pour réserver la dernière place dans le nouveau train express. La chambre à coucher était déjà fermée à clé, et un grand Anglais ouvrit la porte à contrecœur et avec un visage furieux, en réponse à mes coups vifs. Je l'ai simplement ignoré, j'ai sauté dans la couchette supérieure et, éteignant la lumière, j'ai fait semblant de me déshabiller. En réalité, je me suis glissé sous mes oreillers et mes couvertures, résolu à ne me réveiller sous aucune provocation. Mais pendant les huit heures suivantes, je n'ai jamais dormi. Chaque fois que le train s'arrêtait, je sentais des frissons me parcourir le dos en me disant : « Ha, ils vont me chercher maintenant ! Et quand des voix fortes résonnaient dehors, j'étais convaincu que mon dernier voyage en train pendant cette guerre était terminé.

Mais rien ne s'est passé. Les Chinois ne semblaient pas encore avoir pensé à télégraphier à propos des arrestations, aussi, comme prévu, à sept heures du matin, nous arrivâmes à Shanghai. Après avoir passé avec succès le contrôleur de billets, j'ai rapidement traversé en pousse-pousse le quartier chinois – où les autorités chinoises avaient toujours une emprise sur moi – et j'ai finalement atteint le côté européen, où je me suis senti en sécurité et à l'abri de toute interférence.

Je me rendis directement chez une connaissance allemande, qui me reçut à bras ouverts et dont je restai l'hôte pendant les trois semaines suivantes.

Car c'était pleinement cela avant que je puisse continuer mon voyage ; et en attendant, que d'aventures, de périls et de parties de cache-cache !

Car quoi de plus naturel que que l'Oberleutnant P. ne soit pas connu du tout dans mon quartier et que M. Meyer, qui y était resté quelques jours, soit déjà parti ?

Bien entendu, le fait que M. Scott soit venu rendre visite à ses aimables amis ne regardait personne. Mais la prudence s'imposait, d'autant plus que je connaissais à Shanghai un grand nombre de personnes, dont beaucoup d'Anglais, rencontrées auparavant à Kiao-Chow avant la guerre.

J'ai pris quatre ou cinq noms différents et je suis resté successivement chez différents amis.

Mais la plus grande difficulté résidait encore dans la recherche des voies et moyens pour se rendre en Amérique. Une fois, j'ai failli m'enfuir sur un navire *anglais* , grâce à l'introduction qu'un ami allemand m'avait procurée. Un armateur anglais m'a présenté comme un Suisse ne connaissant pas *un* mot d'anglais. J'ai écouté toute la conversation, mais j'ai pu réprimer ma jubilation lorsque j'ai appris que je devais naviguer sur le paquebot *Goliath* , à destination directe de San Francisco. Ce fut hélas de courte durée, car le navire avait levé l'ancre deux heures plus tôt à cause de la marée — et nous sommes arrivés trop tard !

J'aurais pu essayer un autre bateau à vapeur, mais ils passaient tous par le Japon et je craignais de prendre ce risque.

Mais la fortune m'a souri. Un jour, j'ai rencontré par hasard un ami avec qui j'avais passé de nombreuses nuits gaies dans les repaires de l'Extrême-Orient ; il était immédiatement prêt à m'aider. Et après seulement quelques jours, j'avais les papiers nécessaires et j'avais reçu toutes les instructions nécessaires. D'un M. Scott, Meyer ou Brown, je me suis transformé tout à coup en un Anglais distingué, roulant dans l'argent, qui portait le beau et digne nom de MacGarvin. Ce monsieur était un représentant de la Singer Sewing Machines Company et était en route de Shanghai vers ses usines en Californie.

Quoi de plus naturel pour M. MacGarvin que de voyager sur l'un des premiers American Mail Steamers sortants !

Il n'y avait que deux luxueuses cabines à bord de ce bateau. L'un a été attribué à un multimillionnaire américain, l'autre à l'Oberleutnant Plüschow – non, je veux dire, M. MacGarvin. Restait une difficulté : s'échapper de Shanghai sans être remarqué.

Mais là encore, mes amis sont venus à notre secours. Trois jours avant le départ du navire, je pris un congé officiel et répandis le bruit que je ne me sentais plus en sécurité à Shanghai et que j'allais à Pékin pour y travailler à la légation allemande. Ce soir-là, à onze heures, je partis en voiture pour la gare. Comment aurais-je pu savoir que le cocher avait quitté la ville quelques minutes auparavant et s'était éloigné brusquement de la ville en direction du sud ? Que savais-je de Shanghai ?

Après avoir roulé pendant près de deux heures le long de la rivière Wusung, nous nous sommes arrêtés. Deux hommes armés de revolvers arrivèrent, un bref mot d'ordre fut échangé ; avec un profond respect et une profonde gratitude, j'ai embrassé les mains fines et blanches d'une femme qui m'étaient tendues de l'intérieur de la voiture, et celle-ci a fait demi-tour et a disparu. Mes deux amis m'ont pris parmi eux, j'ai aussi sorti mon revolver et nous sommes entrés silencieusement dans la jonque qui attendait.

La nuit était noire comme de la poix, le vent hurlait et l'eau sale et sombre gargouillait lamentablement en passant, poussée par la marée.

Les quatre Chinks se penchèrent sur leurs crânes avec le plus grand effort, et après une heure nous atteignîmes notre destination, qui se trouvait à plusieurs kilomètres en aval sur la rive opposée !

Sans bruit, nous avons atterri, sans bruit, les débris ont disparu ; et de la même manière nous nous dirigeâmes vers un bâtiment sombre qui se dressait au milieu d'un petit jardin, près d'immenses usines.

Mes yeux furent aveuglés par l'éclat de nombreuses lampes électriques, une fois la porte soigneusement verrouillée derrière nous.

J'ai vite remarqué que nous étions dans des appartements confortables pour célibataires. La table était dressée et nous attaquâmes courageusement les nombreux plats délicieux. Au cours de ce repas, nous avons décidé de notre tactique.

L'appartement appartenait aux deux jeunes hommes qui travaillaient la journée à l'usine. Les domestiques étaient de purs Chinois, ce qui était une bonne chose.

Ma visite devait de toute façon rester secrète, d'autant plus qu'un individu désagréable, appartenant à l'Entente, vivait également dans les lieux.

Nous avions l'intention de profiter de la crainte que les Chinois professent à l'égard des mauvais esprits, et surtout de leur superstition à l'égard des fous. Mon problème était donc de jouer le rôle d'un fou pendant trois jours.

On m'a donné une petite pièce dans laquelle j'ai été enfermé. Le « garçon » a reçu des instructions détaillées et précises de son maître, et j'ai donc eu la certitude de ne pas être trahi.

Détruisez tout ! Je n'aurais jamais cru qu'il serait si difficile de feindre la folie. Pendant trois jours, je restai enfermé dans cette chambre, délirant et piétinant, me laissant parfois tomber sur une chaise et regardant bêtement devant moi.

Dès que le « garçon » qui montait la garde dehors remarqua ces symptômes, il ouvrit prudemment la porte et poussa son plateau de nourriture comme un éclair graissé, puis retira son bras, et je sentis avec quel soulagement il tourna la clé. sur moi à l'extérieur. Quand j'éclatais parfois de rire, parce que j'étais de si bonne humeur, le pauvre type devait croire que j'avais une nouvelle crise.

Enfin, le soir du troisième jour, nous quittions la maison en silence et avec précaution.

Un grand bateau à vapeur gisait près du débarcadère, nous nous saluâmes brièvement mais chaleureusement et nous partîmes en direction de la rade de Wusung.

Le temps était mauvais, la mer agitée et la passerelle n'était même pas descendue. Après avoir appelé et crié fort, quelqu'un est finalement apparu et a aidé M. MacGarvin à monter à bord du navire avec sa malle solitaire.

Personne ne m'a même regardé. Le pont était dans la pénombre, et enfin je m'approchai de plusieurs officiers et leur demandai où se trouvait ma cabine. Quelque chose d'inintelligible m'a été grondé, mais lorsque ces messieurs ont regardé de plus près mon billet, un changement soudain s'est produit. Des salutations, des écorchures et des excuses fluides. Un coup de sifflet d'un officier, et plusieurs stewards apparurent comme par magie, dirigés par le chef steward blanc. Les lampes du pont brillaient. Les stewards se disputèrent la possession de ma malle, et le chef steward me conduisit avec *empressement* à ma cabine. Il respirait simplement la politesse.

« Oh, M. MacGarvin, pourquoi venez-vous aujourd'hui ? Le paquebot ne part qu'après-demain, et il était connu dans tout Shanghai à midi !

J'avais l'air furieux et j'exprimais mon indignation que le propriétaire d'une cabane d'État n'ait pas dû être prévenu à temps.

Il était suivi de mon gros intendant chinois, qui était le repos et la distinction personnifiés. Mais il m'a mis dans le pétrin. Un de ses « garçons » reçut l'ordre d'apporter ma malle, après quoi il me demanda, d'un ton dubitatif, si cela représentait tous mes bagages.

"Oui," dis-je.

Il supposait que mes autres malles étaient en soute.

"Bien sûr. Mes lourds bagages ont été embarqués hier et j'espère que mes objets de valeur ont été traités avec soin.

Oh, si le bon Chink avait deviné à quel point j'étais fier de cette *malle*, même si elle était étrangement légère !

Enfin, le 5 décembre 1914, le vapeur *Mongolie* leva l'ancre.

Malgré le beau temps et la bonne nourriture, dès le lendemain, M. MacGarvin tomba soudainement malade. Lui-même savait ce que c'était. Probablement un grave empoisonnement à la ptomaïne, le médecin du bord fut rapidement dépêché. C'était un homme brillant, un sportif rigoureux et prêt à toutes les plaisanteries. Son visage inquiet prit une expression étonnée quand, au lieu d'un patient aux portes de la mort, il vit mon visage fleuri et hâlé.

J'avais confiance en lui et, en quelques mots, je lui expliquai ma situation. J'ai rarement vu les yeux de quelqu'un briller d'un tel plaisir après que je lui ai avoué mes péchés. Son rire bruyant et sa poignée de main chaleureuse m'ont convaincu que j'étais tombé sur la bonne personne. Le steward frappa à la porte.

Le chirurgien du navire avait un air anxieux tandis que je gémissais. Le steward entra et l'Américain lui dit d'une voix feutrée et impressionnante : « Regardez ici, mon garçon ! Ce Maître est très malade, ne le dérangez pas, il ne peut se lever avant dix jours ; donnez-lui de la bonne nourriture en abondance, choisie par le cuisinier ; apportez-lui toujours au lit. Si le Maître veut quelque chose, appelez-moi ! »

Pendant ce discours, je tenais déjà un bout de la couverture dans ma bouche, et si cela avait duré plus longtemps, j'aurais avalé le tout. Une fois de plus, je reviens au centre de la scène.

Trois jours de mer, puis arriva le premier des trois ports japonais que je redoutais. Le bateau à vapeur entra paisiblement dans Nagasaki et aussitôt un flot de douaniers, de policiers et de détectives inonda le bateau. La cloche sonna dans tout le navire et convoqua les passagers et l'équipage pour examen. Et maintenant, toute la procédure a commencé. Les passagers étaient rassemblés dans le salon. Chacun était appelé par son nom ; homme, femme et enfant interrogés par une commission composée de policiers et de détectives ; leurs papiers examinés de près ; et eux-mêmes révisés par le médecin japonais en ce qui concerne les maladies infectieuses. Ils voulaient surtout savoir lequel d'entre eux venait de Kiao-Chow. Le trente-cinquième nom appelé était celui de MacGarvin. Tout le monde regardait autour de lui, car, bien entendu, personne ne l'avait vu. Alors le chirurgien du bord s'approcha, l'air très sérieux, et murmura une terrible nouvelle à l'oreille de son collègue japonais.

Environ quinze minutes plus tard, j'entendis un bourdonnement de nombreuses voix devant ma cabine. La porte fut soigneusement ouverte. Le chirurgien du navire américain entra et, dans son sillage, se glissèrent deux policiers japonais et le médecin japonais. La pauvre victime de l'empoisonnement à la ptomaïne gisait en tas, gémissant doucement, et on ne voyait de lui qu'une touffe de cheveux.

L'Américain s'est approché du lit et m'a légèrement touché l'épaule, ce qui a apparemment provoqué une douleur horrible. Il recula immédiatement et murmura : « Oh, très malade, très malade ! Les Japonais, qui avaient dès le début contemplé avec une timide admiration la cabane joliment meublée, semblaient heureux de sortir de ce décor insolite. Ils se courbaient profondément, sifflaient entre leurs dents quelque chose qui était censé exprimer une déférence particulière, un murmure doux : « Oh, je vous demande pardon ! et tout le Péril Jaune a disparu de ma vue.

Je crois que pendant toute cette scène, et juste avant, j'ai ressenti une légère crise de frissons — mais cela n'a pas duré.

Dans l'après-midi, je me suis risqué à me lever un instant pour apercevoir Nagasaki que je connaissais déjà.

Mais la vue qui se présenta à mes yeux me fit retourner à ma couchette. Le port était rempli d'innombrables bateaux à vapeur, richement décorés de drapeaux. Une animation extraordinaire régnait à bord des navires ; des troupes, des chevaux et des canons étaient continuellement débarqués. Les soldats étaient en tenue de gala, et les maisons de la ville disparaissaient presque sous le chargement des guirlandes et des drapeaux ; une foule immense affluait dans les rues jusqu'à la place d'armes, où devait avoir lieu la revue. Voilà donc les conquérants de Kiao-Chow !

Le Japon tout entier célébrait aujourd'hui la défaite et l'humiliation de l'Empire allemand. J'ai lu ce soir-là dans les journaux japonais, parus en anglais, que le Japon avait réalisé ce que les Anglais, les Français et les Russes avaient tenté en vain : vaincre l'Allemagne ; et que désormais leur armée était la meilleure et la plus forte du monde entier. Mais cela suffit, les Américains et les Anglais n'ont pas fait preuve de plus de retenue à d'autres occasions.

Deux fois encore, le paquebot entra dans le port au cours des jours suivants. À Kobe et à Yokohama, ma cabine a été témoin de la même procédure qu'à Nagasaki : M. MacGarvin est resté malade et indemne.

Nous sommes restés cinq jours en tout au Japon. Enfin, après être resté une semaine entière sur ma couchette, nous quittâmes ces rivages dangereux. Et lorsqu'ils disparurent à l'horizon, un jeune homme sur le paquebot aurait dansé de joie et agité frénétiquement un petit chapeau ayant appartenu à une petite fille de la lointaine Chine, en criant en riant : « Au revoir, les Japonais ! Au revoir, Japs !

Les journées se passèrent assez agréablement au milieu des récréations habituelles à bord d'un paquebot océanique. J'ai rencontré plusieurs Allemands que la guerre avait chassés de leur pays d'adoption ; aussi un frère officier qui avait été récemment occupé à Shanghai, et un camarade de guerre ; le correspondant de guerre américain, M. Brace, qui fut le seul étranger à prendre part à tout le siège de Kiao-Chow.

Neptune a pris soin de nous apporter du changement. Peu avant Honolulu, nous avons été pris dans un typhon qui a duré près de deux jours et a menacé notre navire d'un terrible péril.

Lorsque nous sommes arrivés à Honolulu, le soleil brillait de mille feux et j'ai dû y regarder à deux fois avant d'oser me fier à mes yeux. Car je n'ai pas vu le drapeau de guerre allemand !

Et tandis que nous jetions l'ancre, se trouvait là, comme une petite coquille de coque, le petit croiseur *Geier* , qui, venant des mers du Sud, avait fait le blocus et venait d'être interné. Quelle curieuse rencontre ! J'ai retrouvé de chers camarades dont je n'avais plus de nouvelles depuis longtemps, en pleine guerre, loin de notre pays, après des événements marquants. Nous avons parlé et parlé sans fin.

Au début de la guerre, le *Geier* se trouvait loin au sud, parmi les récifs coralliens. Elle n'a entendu parler que de la mobilisation russe, puis son poste s'est effondré et elle a nagé sans nouvelles dans le Pacifique. Seulement quatorze jours plus tard, le *Geier* entendit parler de la guerre avec l'Angleterre et plus tard avec le Japon. Cela signifiait prudence. Entouré et pourchassé par une vingtaine d'ennemis, le petit croiseur a réalisé un voyage de plusieurs milliers de milles marins jusqu'à Honolulu, soit remorqué par un petit bateau à vapeur, soit naviguant seul. Et lorsque l'immense croiseur japonais qui le guettait à l'entrée du port aperçut un beau matin la coquille de coque en sécurité au port, avec le drapeau allemand flottant en tête de mât, le singe jaune dut rentrer chez lui avec son queue entre les pattes.

Après notre départ d'Honolulu, j'avais un différend avec mon correspondant de guerre. Rayonnant de joie, il m'apporta le *Honolulu Times* et me montra fièrement la première page, sur laquelle étaient inscrits en lettres immenses mon nom, ma profession et ma nationalité, suivie de plusieurs colonnes en caractères serrés, qui racontaient tous mes méfaits pendant et après. le siège de Kiao-Chow.

C'est vraiment américain, à juger d'après ce que disent les journaux.

Mais toute cette affaire m'était extrêmement pénible, car j'avais toutes les raisons de craindre que les autorités américaines ne m'arrêtent à mon arrivée à San Francisco sur la base de ce rapport. Cependant, tous les Américains à bord m'ont rassuré et ont exprimé leur opinion selon laquelle je serais autorisé à suivre mon propre chemin sans entrave. Car ce que j'avais fait était du « bon sport ». Au contraire, les gens en Amérique seraient ravis de mes aventures, et si seulement je me comportais raisonnablement et abandonnais mes stupides idées militaristes allemandes, je pourrais y gagner beaucoup d'argent. La chose à faire était de postuler auprès du bon type de journal. Il prendrait l'affaire en main, organiserait la publicité nécessaire, et je pourrais alors voyager de ville en ville – éventuellement précédé d'un groupe – et collecter « beaucoup de dollars ». Ces Américains étaient vraiment doués de beaux sentiments ! Un de ces messieurs, un vieillard joyeux, qui avait avec lui une charmante fille, vint un jour me voir et me prit en main au sérieux.

« Maintenant, regardez ici, M. MacGarvin, je vous aime bien ; Je m'intéresse à votre carrière. Qu'allez-vous faire maintenant? Vous n'avez probablement pas d'argent. Vous êtes inconnu en Amérique et il est difficile d'y trouver du travail !

"Eh bien, je veux retourner en Allemagne et me battre pour mon pays, car je suis officier."

Il sourit de pitié.

« Vous ne pourrez jamais quitter l'Amérique. Et n'en déplaise à votre confiance dans votre pays et à votre enthousiasme — croyez-moi, j'ai de bonnes relations là-bas — dans quelques mois l'Allemagne sera anéantie, et alors vous ne trouverez plus de travail ni ne pourrez y vivre. L'Angleterre ne permettra à aucun officier allemand de rester en Allemagne une fois la guerre terminée. Ils seront tous expulsés. L'Empire allemand sera divisé et le Kaiser déposé par son propre peuple. Soyez raisonnable; essayez de vous construire une nouvelle maison et de rester en Amérique. Je suis tout à fait prêt à vous aider.

Mais c'était trop. Ma patience était à bout et je donnai à ce monsieur une réponse qui lui apprit beaucoup de choses nouvelles sur les officiers allemands et sur la situation réelle en Allemagne. Il finit par se convertir tout à fait à mes idées et se montra encore plus aimable envers moi. Par la suite, je fus souvent son invité à San Francisco et à New York.

Le 30 décembre, nous jetions l'ancre à San Francisco.

Un accueil typiquement américain.

Des dizaines de journalistes et de photographes ont envahi le pont, rempli les salons et même envahi les cabines. Les gars m'avaient déjà repéré. Ils nous entourèrent de tous côtés ; les caméras cliquetaient partout — c'était tout simplement révoltant. Enfin je me réfugiai dans le seul expédient qui puisse servir. Je suis devenu grossier et j'ai crié : « Je n'ai rien à dire, et si vous m'agressez encore davantage, j'appellerai la police. » Mon correspondant de guerre de Kiao-Chow m'avait appris auparavant à traiter ainsi ses collègues.

Seul un petit Japonais jaune s'est approché de moi comme un chat, m'a rendu un profond hommage, a sifflé entre ses dents et a dit, avec un faux sourire, qu'il venait du consulat japonais (entre tous les endroits !) pour me saluer et me souhaiter bonheur de quitter Kiao-Chow avec tant de chance. Il m'a assuré que je n'avais rien à craindre, puisque j'étais sur le sol américain ; mais qu'il serait trop charmé d'envoyer un bref compte rendu à son journal de Tokyo, pour ravir ses frères japonais.

J'ai ordonné à mon intendant chinois de jeter le Jap jaune.

San Francisco !

CHAPITRE X

ATTRAPÉ !

SAN FRANCISCO ! Ô ville immense et merveilleuse !

Ce que j'ai le plus apprécié, c'est de ne pas être arrêté. Les autorités ne prêtèrent aucune attention à ma présence et j'y restai plusieurs jours, malgré l'inquiétude frénétique du consulat allemand, qui s'attendait à ce que je sois emmené en captivité à tout moment. J'ai rarement vécu dans ma vie un réveillon plus fou et délirant qu'à San Francisco ! Rien de ce que j'en avais entendu ne se rapprochait de la réalité. C'était un plaisir de regarder les gens, tous pur-sang. Les hommes grands et forts, les femmes d'une beauté captivante dans leur blondeur. Mes amis m'ont invité dans l'une de leurs plus grandes et plus belles boîtes de nuit. Des prix exorbitants et la société la plus intelligente de San Francisco. Durant cette nuit, tout semblait permis.

La musique et la danse emportaient par leur beauté et leur sauvagerie. C'était la nuit de San Francisco.

Le 2 janvier 1915, je partis et, par hasard, je rencontrai dans le même wagon un de mes camarades, ainsi que plusieurs Allemands avec lesquels j'avais déjà voyagé en bateau. Nous avons fait un voyage des plus agréables, d'autant plus que les journaux apportaient de bonnes nouvelles d'Allemagne. Comme plusieurs dames et messieurs âgés étaient en route pour rentrer chez eux, nous, les deux officiers, croyions également fermement que nous n'étions pas loin d'atteindre notre but.

Nous nous sommes arrêtés au Grand Canyon de l'Arizona pour admirer les puissantes merveilles de la nature, qui s'enveloppaient dans leur glorieuse beauté. Les jours suivants, notre train traversa la prairie à toute vitesse, nous rappelant des souvenirs d'enfance de Fenimore Cooper et des Mohicans. À Chicago, nous nous séparâmes et je me rendis de là en Virginie pour rendre visite à mes chers amis et dans l'espoir de découvrir le meilleur moyen d'atteindre l'Europe.

Au bout de deux ou trois jours, je me suis enfui à New York pour y tenter ma chance.

J'ai dû rester à New York pendant trois semaines entières, et pendant celles-ci j'ai eu de nombreuses occasions d'étudier ses habitants et leurs coutumes. Trois semaines au cours desquelles, à maintes reprises, j'ai failli exploser de fureur. C'était le point culminant de tout ce que j'avais enduré jusque-là. À peine une image, à peine un journal, à peine une publicité qui n'incite à la haine contre l'Allemagne, qui n'injurie pas les valeureux soldats allemands. « Tipperary » semblait être devenu l'hymne national de New York.

N'y avait-il personne qui pouvait ouvrir les yeux de ces gens ? Ne *souhaitaient*-ils vraiment pas voir et entendre la vérité ? Mais la majorité ne connaissait l'Allemagne que par ouï-dire ; ils savaient à peine où se trouvait l'Allemagne ; et malgré cela, ils étaient prêts à rendre leur jugement. Ici, on pouvait mesurer la puissance monstrueuse de la presse anglaise menteuse et la stupidité grossière avec laquelle les Américains ont mordu à l'hameçon. J'ai fait ce que j'ai pu. J'ai parlé, expliqué et essayé de convaincre, mais j'ai rencontré partout la même réponse : « Bien sûr, *vous* ne commettriez pas ces atrocités ; mais vos compatriotes, Huns et Barbares, ne font rien d'autre. Le voici, noir sur blanc dans le *Times* – un journal de cette importance ne ment pas. » Ma plus grande consolation pendant cette période a été la manière touchante avec laquelle j'ai été traité et reçu par mes amis et leurs connaissances, et je leur en reste une véritable gratitude. Une nuit, j'étais particulièrement en colère. J'étais allé au Metropolitan Opera House, où j'avais écouté un acte de *Hänsel et Gretel* : de la musique allemande, des paroles allemandes et des chansons allemandes ! Mon cœur débordait d'un désir frénétique et douloureux de mon pays bien-aimé ; mon âme buvait de longues gorgées de mélodie allemande. Toujours perplexe et emporté par mes sentiments, je suis sorti dans la rue et je me suis retrouvé aussitôt rappelé à la réalité.

La grande salle devant le théâtre accueillait une foule immense, comme chaque soir, et un projecteur de cinéma projetait les derniers bulletins de guerre en lettres criardes sur un mur blanc. Comme il fallait s'y attendre, la Russie avait une nouvelle fois remporté l'une de ses célèbres victoires. Les Anglais avaient anéanti l'armée du Prince héritier ! La foule criait de joie. Des photos de bataille ont suivi. D'abord quelques navires de guerre anglais et français, puis tout à coup, le croiseur allemand *Goeben* . Les gens déliraient, sifflaient, sifflaient, criaient : le vacarme était sans fin. Voilà pour les Américains *neutres* , si soucieux de défendre les droits des hommes et les fins de la justice !

Jusqu'à présent, tous mes efforts pour atteindre l'Europe avaient été vains. J'avais imaginé que ma tâche serait plus facile. Une fois, j'ai failli réussir à naviguer sur un bateau norvégien en tant que marin ordinaire ; mais elle en fut dissuadée, car il y avait plusieurs Anglais dans son équipage. J'ai enfin eu ce que je voulais. Par hasard, j'ai fait la connaissance d'un homme qui avait mené une existence plutôt mouvementée. Il avait voyagé partout dans le monde et vivait longtemps à New York. Je n'ai jamais vraiment été en mesure de déterminer sa véritable profession. Cependant, il réussit très bien dans un travail particulier : celui de peaufiner de vieux passeports. Nous avons rapidement conclu notre marché. En quelques heures, j'avais soigneusement collé mes papiers avec ma photo et toutes les notifications de police requises, conformément aux règlements en vigueur. C'est ainsi que le voyageur suisse et serrurier Ernst Suse monta à bord du bateau à vapeur neutre italien *Duca degli Abruzzi* le 30 janvier 1915 et disparut dans l'entrepont.

Deux heures plus tard, nous passons devant la statue de la Liberté. À cinq milles marins de New York, deux croiseurs anglais surveillaient l'embouchure du port. Un brillant exemple de la Liberté des Mers ! Le voyage était abominable. Même si j'avais été formé dans une école difficile en tant qu'officier de marine à bord d'un TBD, je n'avais jamais rêvé d'une chose pareille. Le navire était lourdement surchargé et tanguait à tel point que j'étais convaincu qu'il chavirerait sous l'impact de la mer agitée. Et les bugs ! Mais j'y reviendrai plus tard. Le matin du troisième jour de notre voyage, j'étais sur le pont et je regardais avec envie les grilles de première classe par-dessus lesquelles deux charmantes petites figures me regardaient. Un monsieur s'approcha d'eux, et je réprimai avec peine le nom qui me venait aux lèvres. Car je le connaissais ; c'était--

Le doute était impossible. C'était mon frère officier T., qui m'accompagnait de Shanghai. Il m'a vu au même moment, mais ne m'a reconnu qu'après avoir échangé quelques remarques très bruyantes avec les dames à propos du sale type d'en bas (c'est-à-dire moi). Soudain, il s'est arrêté, m'a regardé fixement, a souri d'un air entendu, après quoi il s'est soudainement détourné et a disparu.

Le soir, quand l'obscurité fut complètement tombée, j'eus l'occasion d'avoir une brève conversation avec lui. Il voyageait en Hollandais distingué (il ne parlait évidemment pas un seul mot de néerlandais) et sa destination, comme la mienne, était Naples, et de là son retour chez lui. Bien que nous nous soyons tous les deux rencontrés quotidiennement à New York, chacun avec l'intention de rentrer chez nous, nous avions été obligés par nos assistants respectifs de garder ce que nous faisions secret l'un pour l'autre. Et nous apprenions maintenant que nous avions tous deux fréquenté le même homme !

Quelques jours après avoir quitté New York, j'ai soudainement eu une forte fièvre et j'ai dû me coucher. Je ne savais pas ce que j'avais, mais je présumais le paludisme, tout comme le médecin italien, qui m'a donné une dose ridiculement élevée de quinine. Je n'ai pas eu à attendre longtemps pour le résultat, car mon état s'est rapidement aggravé et ma température est montée à 103°. Ces jours étaient indescriptibles. Notre cabine, véritable trou, était partagée par quatre passagers. Au-dessus de moi gisait un Français qui ne cessait de bavarder et de jurer que lorsqu'il avait le mal de mer. La couchette inférieure était occupée par un Suisse pâle et résigné (sa nationalité éveilla aussitôt mes soupçons). Cet homme avait tellement le mal de mer que j'étais d'avis qu'il n'atteindrait jamais l'Europe vivant. Dans la couchette supérieure gauche, un Anglais parfaitement enragé fumait sans relâche sa pipe de Player's Navy Cut, jour et nuit, malgré les hublots fermés. Il était presque toujours ivre et incapable de cesser un seul instant ses injures et ses injures contre l'Allemagne. Il est facile d'imaginer combien de repos j'ai eu ! Pour couronner le tout, ma couchette était située à proximité des moteurs et les bugs constituaient le pire élément du programme. Et ces terribles ravageurs ne sont pas venus seuls, mais en bataillons. Oh, quels étaient les bruits, les odeurs horribles et le mal de mer comparés à ce fléau ! Malgré ma faiblesse épuisante, j'essayais de détruire ou de chasser les insectes répugnants. Mais j'ai vite été contraint d'abandonner, désespéré.

Après cela, je suis retombé dans une indifférence totale. Je me disais que le voyage serait terminé dans quelques jours et que dès que nous aurions atteint la belle Italie et que je me serais accordé un peu de repos, je serais de retour dans ma patrie bien-aimée. J'ai combattu ma maladie avec la plus grande énergie, et la pensée de l'Allemagne a aidé à ma convalescence, de sorte que lorsque le navire a atteint Gibraltar le 8 février, j'ai pu me lever et me déplacer.

Gibraltar!

Combien de fois avais-je déjà navigué devant ce Rocher, combien de fois, revenant de l'étranger, avais-je accueilli joyeusement les pierres grises, le poteau indicateur, dans ces détroits de la patrie fidèle ! Qu'est-ce qui m'attendait cette fois-ci ? Bien que l'horaire ne prévoyait pas une escale à Gibraltar, le navire est entré dans le port pour examen, sans même attendre une demande en ce sens, et a jeté l'ancre. A tel point que les Italiens étaient déjà devenus les esclaves des Anglais ! Dès que le navire fut à terre, deux pinasses descendirent sur nous, d'où sortaient un officier de marine anglais et divers policiers et matelots armés jusqu'aux dents. Une cloche retentit dans tout le navire, avec l'ordre que tous les passagers étrangers, qui n'étaient ni Anglais ni Italiens, devaient se rassembler sur la passerelle de pilotage. Les stewards italiens descendirent, inspectèrent la cale du navire et toutes les cabines, et nous conduisirent comme un troupeau de moutons sur le pont supérieur, où nous fûmes étroitement entourés par eux et par les matelots anglais. Je ne peux pas prétendre que je me sentais particulièrement heureux ! Malgré cela, j'ai ressenti une certaine confiance en moi, car j'ai vite découvert que j'étais le seul à posséder un véritable passeport et une photo. En revanche, je constatai que nous étions cinq Suisses, dont trois avaient déjà éveillé mes soupçons en raison de leur caractère timide et réservé. Il n'y en avait qu'un que je n'avais pas du tout remarqué, et il avait l'air si sale et si repoussant que j'ai pris la précaution de m'éloigner lorsqu'il s'est placé à côté de moi. Après une heure pendant laquelle les passagers de première classe furent examinés, avec désinvolture et avec beaucoup de politesse, notre tour arriva. Nous étions là comme six misérables pécheurs. Le premier était un ouvrier italo-suisse qui avait perdu son bras droit. Sa femme, une Italienne typique, se prosterna en pleurant aux pieds de l'Anglais. Elle était accompagnée depuis l'entrepont par toute sa tribu, et *tous* pleuraient. L'Anglais regarda ces gens avec mépris et, après un bref interrogatoire, l'homme fut renvoyé et libre de partir. Il fallait maintenant avancer. Les plus grands d'entre nous, Suisses, se tenaient sur l'aile droite. L'officier anglais s'approcha de lui et lui dit : « Vous êtes un officier allemand. » Des protestations violentes et indignées suivirent naturellement ; mais l'officier anglais, qu'ils laissèrent tout à fait calme, lui ordonna de s'écarter et se tourna vers nous : nous semblions plutôt être l'objet authentique à ses yeux. Nous avons montré nos passeports et chacun de nous a concocté une merveilleuse histoire. Après une courte pause, il dit : « Très bien ; ces quatre-là peuvent partir, mais je garderai celui-là.

Mon cœur battait de joie, mais, hélas, alors apparut Judas. Un jeune homme, en tenue civile parfaitement ajustée, s'est approché de l'officier et lui a parlé à voix haute. «Il est hors de question que ces personnes puissent partir sans que tous leurs biens soient fouillés minutieusement. Je suis convaincu que ce sont des Allemands. Nous nous sommes exclamés à haute voix, mais sans fin, bien que l'officier anglais ait obéi à ce canaille avec une répugnance et un mépris évidents. Cependant, l'examen a eu lieu. Tout a été bouleversé. Le coquin fouinait partout, mais semblait incapable de trouver des marques incriminantes sur aucune de nos affaires. Soudain, il se retourna, déchira mon habit, déplia mes poches de poitrine et dit triomphalement à l'officier qui se tenait à ses côtés : « Vous voyez, il n'y a ni nom ni monogramme. C'est un signe certain qu'il est Allemand et qu'il a détruit toutes ses initiales. Oh, si j'avais pu intimider le reptile !

Comme nous allions bientôt l'apprendre, ce civil était le représentant de la société Thomas Cook Brothers à Gibraltar et agissait sur les navires en double qualité d'espion et d'interprète. Son allemand était si pur qu'il a dû profiter de notre hospitalité en Allemagne pendant de nombreuses années. Combien de misérables créatures doivent probablement leur perte à cet homme occupé !

Une fois de plus, nous étions tous les cinq conduits sur le pont comme du bétail. A ce moment apparut Judas numéro deux, que l'agent de Cook venait d'aller chercher. C'était un passager suisse de première classe et, à l'instigation du grand furtif, il devait nous essayer en dialecte suisse. Bien sûr, nous avons tous lamentablement échoué. Nos protestations étaient inutiles. Pas même lorsque je leur racontais les histoires les plus folles sur le fait que je ne connaissais pas l'allemand, car j'avais quitté la Suisse avec mes parents quand j'étais enfant de trois ans, je m'étais installé avec eux en Italie et j'avais ensuite dérivé vers l'Amérique. J'ai parlé dix-neuf à dix-neuf en bon italien et américain, et j'ai presque réussi ; mais le serpent siffla de nouveau — et mes espoirs furent anéantis.

L'officier anglais refusa de nous entendre davantage ; mais il remarqua seulement que plus de Suisses avaient transité par Gibraltar qu'il n'y en avait dans le monde entier. Débordant d'une frénésie qui frisait la folie, j'ai été emmené. J'ai rapidement rassemblé mes quelques pièges et j'ai pu, sans être remarqué, glisser un bout de papier dans la main d'une dame allemande, qu'elle a ensuite fidèlement remis à mes proches. Un matelot me propulsa brutalement sur la passerelle jusqu'à la pinasse, où les autres pauvres diables étaient déjà assis, complètement écrasés. A l'arrivée de l'officier anglais avec son serviteur, nous partîmes.

Le traître suisse se tenait à la rambarde du navire et nous souriait d'un air jubilatoire. Là-dessus, je ne pus me contenir plus longtemps, mais je me levai d'un bond et lui tendis le poing en criant une invective. Des rires hystériques et perfides résonnèrent.

Mais deux yeux allemands m'ont fait un triste adieu depuis tribord.

Au revoir, oh, joyeux camarade ! Saluez pour moi la Patrie que vous reverrez dans quelques jours.

CHAPITRE XI

DERRIÈRE LES MURS ET LES BARBELÉS

L'officier anglais me rassura. « Soyez assurés, dit-il, que vous pourrez interroger aujourd'hui votre consul suisse à Gibraltar. Vous serez libre dès qu'il confirmera que votre passeport est en règle.

Je n'étais que trop tôt pour savoir où en étaient les choses à ce sujet. La vedette à vapeur se frayait un chemin à travers l'eau, et bientôt nous débarquâmes dans la partie intérieure du port de guerre.

Dix soldats, baïonnette au canon, se tenaient prêts au débarcadère. Quelques ordres secs et, avec nos quelques affaires sur le dos, nous avons dû nous ranger en deux files. Les dix soldats nous prirent au milieu d'eux, et au mot « Marche rapide », le triste cortège se mit en route. Tout autour de moi semblait faire partie d'un rêve. J'étais si horriblement abattu que j'étais à peine capable de réfléchir. Un prisonnier! Était-ce vrai ? Était-ce possible ?

C'était horrible, incompréhensible ! Nous étions entraînés comme des malfaiteurs et la population semblait nous considérer comme tels. Les soldats nous ont dit de nous dépêcher. J'étais si faible que je pouvais à peine bouger, car la fièvre me tenait toujours sous son emprise et je n'avais pris que de la quinine depuis trois jours. Le soleil tapait sur nos dos et je ne m'étais jamais senti plus désolé ni plus désespéré.

Nous montions de plus en plus haut, à travers des rues étroites et brûlantes. Bientôt, les maisons cédèrent la place à des rochers nus de chaque côté. Au bout d'une heure nous avions atteint le plus haut sommet de Gibraltar. Les ordres retentissaient, les barbelés et les portes en fer s'ouvraient et claquaient, les chaînes et les verrous cliquetaient.

Un prisonnier!

Nous avons d'abord été amenés au commissariat et soumis à un examen. Je protestai avec énergie et demandai à être conduit immédiatement chez mon consul, comme me l'avait bien promis l'officier anglais. Mais ils ont ri avec regret. Nous n'étions pas les premiers, hélas, à être amenés devant eux et à leur faire cette même demande ! Combien probablement s'étaient trouvés au même endroit et avaient été obligés d'enterrer leurs espoirs de la même manière !

Après cet examen, nous avons dû nous soumettre à une fouille.

« Est-ce que l'un des prisonniers a reçu de l'argent ?

Bien entendu, personne n'a répondu. On nous a ordonné de nous déshabiller et chaque vêtement a été minutieusement fouillé à la recherche d'argent, d'appareils photo et surtout de lettres et de papiers. Je suis arrivé troisième et j'ai été autorisé à garder ma chemise.

"As-tu de l'argent?"

"Non."

Le sergent-major passa ses mains sur tout mon corps. Soudain, quelque chose s'est fissuré dans la poche gauche de ma chemise.

"Qu'est-ce que c'est?"

"Je ne sais pas."

Il y plongea alors sa patte, et qu'en sortit-il ? Une belle pièce de vingt dollars du meilleur or américain, et aussi un petit bouton de nacre, qui m'avait trahi en frappant contre la pièce. Cela vient du fait d'être trop rangé ! Si je l'avais jeté deux jours auparavant, au lieu de le conserver soigneusement, cela ne serait pas arrivé. Le soldat anglais se réjouit, car de telles découvertes n'arrivaient pas tous les jours. Mais maintenant, il m'a examiné de manière plus approfondie. Et, à mon grand désarroi, il sortit de mon autre poche de poitrine, ainsi que de chacune des deux poches de mon pantalon, une jolie pièce d'or et mon petit revolver Browning, qui avait été mon fidèle compagnon pendant tous ces mois.

Quand j'eus été complètement dépouillé, on me permit de me rhabiller et de rejoindre mes camarades d'infortune dans la cour de la prison. Après cela, nous avons pris possession de nos quartiers. Une cinquantaine de prisonniers civils allemands nous accueillent avec fracas. Ils étaient en captivité depuis le début de la guerre et semblaient avoir retrouvé leur sens de l'humour. Nos nouveaux amis nous invitent aussitôt à partager leur repas. Nous nous jetâmes comme des sauvages sur le pouding au pain qu'ils s'étaient préparé.

Ensuite, nous avons commencé notre travail.

En premier lieu, nous étions obligés de transporter du charbon et de l'eau. Nous étions classés par hauteur, et par hasard je tombai sur ces sales Suisses que j'avais déjà regardés avec tant de répulsion sur le bateau.

Pendant ce temps, nous continuions à traîner des sacs de charbon, en prenant soin de ne pas remplir les bennes au maximum. N'étions-nous pas trop faibles pour le faire correctement ? Après avoir exercé ce travail pendant quelque temps, on nous attribua à nos soldats des matelas composés de trois parties et durs comme de la pierre ; aussi deux couvertures. Nous avons pu nous reposer ce soir-là. Mais la première chose était de se laver. Je me souviens bien de la scène.

Mon sale collègue a placé sa bassine près de la mienne et s'est déshabillé avec la plus grande placidité. Se débarrasser de! Je ne m'attendais pas à autant de propreté et je l'ai inspecté d'un œil critique. Un corps parfaitement formé et propre, impeccablement propre ! Mais la tête, le cou et les mains ! J'ai frémi. Et puis je me suis arrêté au milieu de mes ablutions. Mes yeux s'écarquillèrent d'étonnement. L'eau de mon collègue était noire de charbon ; mais il était complètement métamorphosé. Ses cheveux noirs et gras étaient devenus blonds brillants, son visage était frais et blanc et présentait des traits délicats, ses mains étaient minces et élégantes. Et était-ce possible ? Sur la joue et sur la tempe couraient les honorables cicatrices des duels d'étudiants, de vraies cicatrices allemandes ! Une telle explosion de joie ! Un tel échange de questions et de réponses ! Mon camarade avait été un *véritable* étudiant allemand, il dirigeait désormais une bonne entreprise automobile en Amérique et avait tout quitté pour servir son pays comme officier de réserve. Nous nous sommes vite entendus et sommes restés des amis fidèles et inséparables pendant toutes les semaines de notre captivité, jusqu'à ce que le destin nous sépare à nouveau.

Le dernier message sonna à dix heures ; les lumières s'éteignirent ensuite.

J'avais placé mon matelas près d'une porte-fenêtre, afin de pouvoir facilement regarder à travers en étant allongé par terre. La journée avait apporté de nombreux changements, et ce n'est que maintenant que je pouvais y réfléchir.

La caserne dans laquelle nous étions cantonnés se trouvait tout en haut de Gibraltar, au sud, là où les rochers tombent droit dans la mer.

Par la fenêtre, je vis, au-dessous de moi, les eaux merveilleusement bleues du détroit de Gibraltar ; tout au loin, à l'horizon, la côte d'Afrique, une bande de terre fine et brillante. En bas, c'était Liberty, des navires allaient et venaient, transportant des hommes, libres et sans entraves, qui pouvaient voyager où ils voulaient et qui n'appréciaient pas à quel point il était merveilleux et précieux d'être libre !

Mais c'est là que réside la folie !

Les pensées et les événements de la journée se bousculaient dans mon cerveau, et quand je me suis souvenu que, avec de la chance, j'aurais pu être sur l'un de ces bateaux, j'ai failli éclater de rage. Et c'était aussi mon anniversaire ! Eh bien, je l'avais prévu autrement.

Comme un fou, je me roulais sur mon canapé. Quand je pensais à quel point les choses auraient pu être différentes, à tout ce que j'avais espéré et à la façon dont j'avais imaginé mon avenir, j'ai cédé au désespoir total, et une fureur impuissante a fait couler des larmes sur mes joues sans que je puisse les retenir. .

Oh, désir du foyer, désir terrible ! Mais cette nuit-là, je n'étais pas le seul à souffrir.

Des visages pâles aux yeux grands ouverts fixaient le plafond et des sanglots réprimés étaient étouffés dans les couvertures. Le lendemain matin, à quatre heures, nous fûmes réveillés brusquement. Les sous-officiers anglais parcoururent les pièces et crièrent l'ordre que tous les prisonniers allemands devaient se préparer à partir dans vingt minutes pour prendre le prochain bateau vers l'Angleterre.

En Angleterre! Mais c'était impossible ! N'étions-nous pas suisses ? Ne devions-nous pas voir notre consul ce jour-là ? Tous nos efforts se heurtèrent au calme impassible et imperturbable des Anglais. Nous avons rapidement rassemblé nos biens et, exactement une demi-heure plus tard, les prisonniers civils, au nombre de cinquante-six, entourés d'une centaine de soldats anglais lourdement armés, ont été évacués vers la belle matinée.

Mais nous voulions prouver aux Anglais que notre fierté était intacte. Avec un son clair et sonore, intensifié par la colère qui brûlait en nous, nous avons lancé « La Garde sur le Rhin », lançant ses notes vers le ciel.

Un immense convoi, rempli à craquer de troupes anglaises, nous attendait en bas. Il nous fallut franchir un passage étroit qui s'était formé pour nous dans la grande foule des voyageurs et de ceux qui étaient venus les accompagner. Mais je dois admettre que personne ne nous a inquiétés et qu'aucun mot de dénigrement n'est parvenu à nos oreilles. La place nous était faite en silence, en silence on nous laissait passer, même ici et là nous rencontrions un regard de commisération et de regret. A bord, dans la partie avant du pont de chargement, un espace avait été cloisonné et peu meublé de bancs, de tables et de hamacs.

Il y avait deux sentinelles avec des baïonnettes au canon ; il y avait un autre couple près de l'écoutille au-dessus de nos têtes. Lorsque celle-ci fut fermée de l'extérieur, nous restâmes assis comme dans un piège. Les hublots de notre habitation étaient obstrués par des volets en fer, afin qu'aucun de nous ne puisse regarder dehors ou émettre des signaux. Peu de temps après, un léger tremblement parcourut le navire, les moteurs démarrèrent et notre prison flottante, s'élevant et s'abaissant légèrement, dérivait au large.

Le voyage a duré des jours. Nous étions assis, étroitement surveillés, enfermés dans notre chambre. Une fois par jour, nous étions autorisés à monter sur le pont pour prendre une bouffée d'air frais. Des toilettes très primitives avaient été érigées sur le pont avant, avec quelques planches, et quiconque voulait s'en servir devait se présenter à la sentinelle. Une seule personne à la fois était autorisée à se présenter sur le pont à cet effet. La nourriture était bonne, de vraies rations de marins, surtout le pain, le beurre et l'abondance d'excellentes confitures. Nous avons perdu le temps en lisant, en racontant des histoires ; nous avons surtout discuté de notre avenir à tous points de vue et de ce qui nous réservait en Angleterre. Les deux sentinelles, qui montaient toujours la garde en bas, devinrent bientôt très amicales, et nous effrayâmes souvent les pauvres Tommies en leur racontant ce qui se passait sur le front occidental.

Le mauvais temps nous accueille dans le Golfe de Gascogne. C'était une situation épouvantable pour nous cinquante-six, enfermés dans cet espace restreint, sans lumière ni air, et pour la plupart souffrant du mal de mer. Ce sont cependant les sentinelles et les soldats anglais qui nous apportaient nos vivres qui souffraient le plus et offraient un spectacle pitoyable. Mais lorsque nous arrivâmes dans la Manche, l'équipage fut pris d'une nervosité et d'une agitation générales. Des exercices de bouée de sauvetage avaient lieu quotidiennement, notre heure de récréation sur le pont était suspendue et les soldats anglais ne cessaient de nous interroger craintivement au sujet de nos sous-marins ! Et n'avons-nous pas fait chaud pour eux !

Enfin, après dix jours, nous débarquâmes à Plymouth. Lorsque le câble de chaîne s'est déroulé en frémissant et que nous savions que nous étions en sécurité dans le port et que nous avions échappé aux sous-marins, nous avons vu à travers la cloison les soldats anglais tomber à genoux et chanter des hymnes de louange et de gratitude pour leur salut des sous-marins allemands.
.

Immédiatement après notre arrivée, un appel d'offres est arrivé et nous a conduits sur la terre ferme, bien sûr sous une escorte imposante.

Les autorités anglaises n'étaient manifestement pas préparées à un si *grand* arrivage de prisonniers. Ils ont tout simplement perdu la tête. Personne ne savait quoi faire de nous, personne ne savait quoi conseiller.

Finalement, nous fûmes entassés dans un train. J'avais un compartiment pour moi seul, flanqué de chaque côté d'un sous-officier, et d'un autre assis en face de moi, baïonnette au canon. On leur avait donné l'ordre strict de me surveiller attentivement, pour la raison suivante: lorsque j'ai vu qu'il était tout à fait impossible que je sois libéré ou reconnu comme Suisse, je m'étais présenté à mon commandant sous mes vraies couleurs, le d'autres font de même. Il m'a assuré qu'il me transférerait immédiatement en première classe, si je lui accordais ma parole de ne plus jamais tenter de m'échapper ou de combattre à nouveau dans la guerre. Comme j'avais naturellement rejeté cette demande avec la plus grande indignation, je fus renvoyé sur le pont de la cargaison, avec pour seul résultat une surveillance plus stricte.

Le soir, au crépuscule, nous atteignons Portsmouth. A la gare et ailleurs, cette quantité énorme de prisonniers (nous étions cinquante-six en tout) semblait complètement dérouter tout le monde.

Finalement, nous avons été conduits au cachot. Là aussi, nous avons trouvé une grande perplexité et une grande confusion. Le cachot offre généralement un domicile temporaire aux soldats et aux marins ivres qui sont arrêtés dans les rues et qui ont la possibilité de dormir de leur ivresse jusqu'au lendemain, lorsqu'ils sont renvoyés dans leur section après une bonne raclée. *sic*]. Un vieux geôlier odieux et deux soldats âgés mais joviaux et gentils étaient aux commandes. Nous avons été répartis dans trois pièces. Elles étaient totalement vides et éclairées par un misérable bec de gaz. Les vitres des fenêtres étaient pour la plupart brisées, il faisait un froid glacial et, bien sûr, il n'y avait pas de feu. Nous n'avions rien mangé de la journée et attendions avec impatience notre souper, mais il n'y eut pas de souper. Nous nous approchâmes alors de nos deux anciens soldats et scellâmes aussitôt notre pacte d'amitié. Un petit conseil a agi miraculeusement : les vieux fous se sont tout simplement enfuis pour faire nos courses. Nous leur avons donné de l'argent et, au bout d'une demi-heure, ils sont revenus gémissant sous une charge de pain, de beurre et de charcuterie. Deux énormes pots de thé, mélangés à du lait et du sucre, firent leur apparition. Nous avons acheté nous-mêmes du charbon de bois et bientôt les trois cheminées se sont allumées. Les provisions étaient excellentes et si abondantes que même nous, affamés comme nous l'étions, ne pouvions pas nous en sortir.

Notre moral atteignit son apogée lorsque les soldats nous glissèrent dans quelques journaux anglais. Notre faim mentale avait été plus grande que nos besoins physiques, car pendant des semaines nous n'avions rien entendu sur les événements du monde extérieur. Cela ne nous dérangeait pas de lire exclusivement les victoires anglaises, françaises et russes, pour autant que nous sachions au moins quelque chose de ce qui se passait.

L'alcool était interdit ; mais même en Angleterre, les règles semblaient faites uniquement pour être enfreintes. L'un de nos gardiens appartenait à une loge maçonnique dont les membres étaient largement répartis en Angleterre et en Amérique. Mon collègue, le serrurier, se trouvait être Maître. Lorsque le soldat a vu le signe des francs-maçons sur la boutonnière de mon ami, leur pacte a été scellé. Une petite cantine fleurissait dans le sous-sol de notre prison, et l'un après l'autre nous fûmes descendus par le gentil frère et revenions de là fortifiés, les poches remplies de bouteilles de bière.

La plaisanterie était que nos sentinelles, qui montaient la garde devant notre porte, nous laissaient partir tranquillement et nous priaient même de leur apporter quelques bouteilles de bière. À 21 heures, nos sentinelles étaient devenues si amies que nous pratiquions ensemble des exercices de tir au fusil, et à 23 heures, une sentinelle a complètement laissé tomber son fusil et est tombée en arrière, avec la caisse à charbon sur laquelle il était assis, au-dessus de lui.

Si j'avais eu l'expérience qui a été la mienne après cinq mois de captivité, j'aurais déjà pu m'enfuir.

Dans cette prison, ainsi que dans tous les autres camps où nous nous retrouvions avec les Tommies anglais, leur première demande, après que nous ayons fait davantage connaissance, fut un petit mot avec notre adresse et éventuellement celle d'amis en Allemagne, ainsi qu'une attestation. que le soldat anglais Untel nous avait bien traités. Ces billets étaient conservés par eux comme des reliques, destinées à être produites au front ou en cas de capture par les Allemands.

On nous donna de minuscules paillasses de camp, si courtes que nos jambes dépassaient des mollets vers le bas, et si étroites qu'il aurait fallu à un ingénieux artiste de cirque pour s'y appuyer. Nous avions également deux couvertures chacun. Nous avons dormi comme des bûches, même si, il est vrai, le lendemain matin, nous nous sommes tous retrouvés par terre à côté des matelas.

Le lendemain matin, c'était dimanche, nous reçûmes la visite d'un officier de haut rang de l'armée. Il s'enquit de nos souhaits. J'ai souligné à plusieurs reprises que j'étais officier et que j'avais le droit d'être traité comme un prisonnier de guerre. Il était très charmant et me promettait beaucoup de choses lorsque nous arriverions à destination, mais il n'en tint aucune.

Enfin, le lundi, nous avons été autorisés à quitter notre prison. Comme d'habitude, étroitement gardés par notre escorte, nous fûmes conduits au port, où nous montâmes à bord d'un petit bateau à vapeur et, après une heure de voyage, atteignîmes un immense navire qui servait de camp de prisonniers. Après une longue palabre, nous fûmes obligés de reprendre la mer, car le commandant déclara qu'il n'avait aucun renseignement sur nous, et pas de place non plus. Bien que cette comédie ait été rejouée sur le paquebot suivant, le paquebot Cunard *Andania* , la fluidité des vitupérations de notre major surpassait probablement celle du commandant du camp ; de toute façon, nous montâmes à bord avec une demi-heure de retard. Un gros et arrogant lieutenant anglais, qui remplissait sur ce bateau les fonctions de commandant de camp et d'interprète, nous reçut.

Quand vint mon tour d'être inspecté, je présentai poliment ma demande et exigeai avec force que, conformément au règlement, je fusse conduit dans un camp d'officiers. La réponse de ce monsieur était tout à fait inédite et montrait sa vulgarité.

« Je vous traiterai avec une sévérité particulière, comme j'ai déjà entendu parler de vous. Vous vous êtes enfui de Kiao-Chow et avez rompu votre libération conditionnelle à plusieurs reprises. Si j'entends un autre mot, je vous enfermerai et je vous maintiendrai avec des rations courtes jusqu'à ce que vous ne puissiez plus parler du tout. Nos officiers anglais sont si mal traités en Allemagne que je vous le ferai payer.

C'était une perspective heureuse. "Que pouvais-je faire?"

Il y avait plus d'un millier de prisonniers à bord du navire. Le logement était le plus épouvantable que j'aie jamais vu. Sans lumière ni air, les hommes étaient blottis les uns contre les autres sous les écoutilles, et leur seul exercice physique consistait à courir sur l'étroit pont avant. Lorsqu'on nous conduisit dans la pièce qui avait été préparée pour nous, je fus frappé d'horreur. Je pense que je serais devenu fou si j'avais été obligé d'y rester longtemps. Notre sous-officier anglais paraissait un homme sensé. Grâce à ses aimables offices, je pus procurer à mon ami le serrurier et à moi-même une petite cabine dotée même d'un hublot. La vie à bord était très monotone. Nous nous levions à 6 heures du matin et les lumières s'éteignaient à 22 heures. Le matin et l'après-midi, nous devions rester debout pendant deux heures sur le pont supérieur et l'appel avait lieu à midi. Nous prenions nos repas dans les immenses salles à manger du paquebot. Douze étaient assis à une table, et je devais à mon tour attendre, aller chercher la nourriture dans le wagon pour le désordre et laver la vaisselle sale avec les autres.

M..., notre commandant, en tant que civil, avait voyagé pour une maison de whisky et avait gagné tellement d'argent à ce titre qu'il avait pu acheter une commission. Une circonstance l'avait particulièrement mis en colère ; dès notre arrivée, on nous demanda lequel d'entre nous souhaitait payer 2,50 marks par jour, moyennant quoi nous serions autorisés à prendre nos repas séparément, à obtenir une meilleure nourriture et à être dispensés de laver notre vaisselle. Bien sûr, nous avons tous vu clair dans cette escroquerie grossière, et cela a rendu M... particulièrement furieux que nous n'ayons pas accepté. Le deuxième jour, j'ai terminé mon rapport pour le gouvernement anglais et je l'ai présenté à MM.... » Il éclata d'un ricanement offensant.

« Vous savez bien que je ne transmettrai pas votre pétition, et vous imaginez ce que j'en ferai. En Allemagne, nos généraux anglais sont obligés de traîner des charrues dans les champs ; *vous* allez le payer.

Il était inutile de le convaincre de l'absurdité de ses allégations. Chaque soir, lors de sa tournée à l'heure du coucher, il mettait un point d'honneur à entrer également dans ma chambre, allumait la lumière et disait : « Toujours là ? Trop enfantin !

Un jour, cinquante prisonniers civils reçurent l'ordre de Monsieur M... de parcourir le pont de première classe et de nettoyer les hublots. Bien sûr, nous avons fait grève. Lorsque nous persistâmes dans notre refus, nous fûmes punis d'être privés à deux reprises de notre dîner et de devoir nous coucher à 21 heures. De plus, M... était si lâche qu'il n'osa pas nous rassembler et ordonner lui-même notre punition, mais resta à une distance de sécurité et envoya son sous-officier comme délégué officiel.

M——— écumé de rage.

« Bien sûr, dit-il, c'est encore la faute de cet « homme volant » ; il est à l'origine de tout le malheur, et un de ces beaux jours il incitera tout l'équipage à la mutinerie. Mais je vais lui donner une leçon et le traduire devant une cour martiale.

J'en ai eu assez de cet état de choses, car j'étais totalement innocent, alors j'ai écrit à M... une lettre très énergique, dans laquelle j'exprimais l'espoir qu'il ne soit qu'un « lieutenant provisoire », et non un « gentleman temporaire ».

M... déclara qu'il n'aurait plus rien à faire avec « l'homme volant », et dès le lendemain un bateau à vapeur arriva et nous emmena, moi et quelques-uns de mes compagnons d'infortune, sur l' *Andania* et son vulgaire geôlier.

Comme je me sentais soulagé ! Le train nous a transporté vers l'ouest pendant de nombreuses heures. Bien entendu, j'étais de nouveau seul dans mon compartiment, accompagné non seulement de trois sous-officiers, mais aussi d'un officier.

Le soir, nous atteignons Dorchester, où je suis accueilli par une atmosphère totalement différente. Un capitaine anglais (dont le nom était Mitchell) du camp de prisonniers s'est approché de moi et m'a demandé poliment si j'étais officier.

"Oui."

« Dans ce cas, je suis surpris que vous ayez été amené dans un camp de soldats. Veuillez me pardonner si je ne peux pas vous faire escorter par un officier. Mais mon sergent-major principal vous accompagnera. Auriez-vous la gentillesse de marcher seul derrière les autres prisonniers.

J'étais sans voix.

Alors que nous marchions à travers cette charmante et propre petite ville, j'entendis soudain derrière nous « La Garde sur le Rhin » chanté haut, gaiement et avec enthousiasme, suivi des plus belles chansons de soldats, puis « Ô Allemagne, haute dans honneurs!" Nous croyions rêver, mais, en regardant autour de nous avec étonnement, nous apercevons une troupe d'une cinquantaine de soldats allemands qui avaient été réquisitionnés du camp à la gare pour aller chercher nos bagages.

Oh, comme notre cœur bat ! Au milieu des ennemis, malgré les blessures et la captivité, cet enthousiasme enflammé, ce chant ravissant ! Je dois avouer que les Anglais étaient extraordinairement tolérants et que la population s'est toujours comportée de manière exemplaire. Silencieusement, serrés les uns contre les autres, ils se tenaient des deux côtés de la rue. De toutes les fenêtres, de belles petites têtes nous regardaient, mais pas un geste méprisant, pas un mot injurieux. Ils semblaient même aimer écouter les vieilles mélodies allemandes.

Dans le camp, trente prisonniers civils se voyaient attribuer une petite cabane en bois, qui combinait notre lit, notre salle à manger et notre salon. Une minuscule palliasse posée sur le sol et deux couvertures constituaient notre couchage. Mon capitaine m'a supplié de m'accommoder des conditions existantes, car il n'était malheureusement pas en mesure de me donner une chambre spéciale pour moi seul.

Le camp de Dorchester contenait 2 000 à 3 000 prisonniers et se composait en partie d'anciennes écuries de chevaux de course et de casernes en bois. Il y a cent ans, des hussards allemands étaient cantonnés dans ces mêmes casernes, à l'occasion de la visite du maréchal Blücher !

Les prisonniers étaient extrêmement confortables, car la nourriture était bonne et abondante, le traitement irréprochable et les possibilités de sport étaient nombreuses.

Le capitaine Mitchell et le major Owen méritaient particulièrement des éloges pour le traitement réservé à nos hommes. Tous deux étaient de véritables vieux habitués, avaient vécu de nombreuses campagnes et batailles et savaient comment gérer les troupes. Ces deux-là, ainsi que le médecin anglais, ont offert aux hommes des jeux, des tenues de gymnastique et un orchestre, et ont fait tout ce qu'ils pouvaient pour eux. Un éloge particulier est dû au prisonnier allemand de haut rang, un adjudant, de Munich. Il était commerçant et parlait couramment l'anglais. Une personnalité des plus remarquables. Il était vraiment l'âme et le véritable ange gardien du camp. Rien n'a été fait sans son approbation et ses directives. Il était le bras droit du commandant de camp anglais, et sans lui je ne sais ce que seraient devenus les Anglais, qui ne possédaient pas le moindre vestige de talent d'organisation. C'était tout simplement extraordinaire de voir comment cet adjudant s'occupait de notre peuple et servait d'intermédiaire avec les Anglais. Les officiers anglais savaient très bien quelle aide il leur était. D'ailleurs, après mon arrivée à Dorchester, j'avais déjà envoyé ma pétition pour être transféré dans un camp d'officiers, car je savais que M. M... avait retenu mon ancienne. Au bout de quinze jours, le War Office me le retourna avec la remarque qu'il fallait donner le nom de quelqu'un en Angleterre qui me connaissait. C'était très malvenu ; mais finalement j'écrivis à mes connaissances anglaises, et trois jours plus tard je reçus leur réponse qu'ils se porteraient volontiers garants de mon identité. Les papiers furent de nouveau envoyés au War Office et j'attendis patiemment mon transfert.

Mais le temps passa et je restai toujours à Dorchester, et lorsque, quinze jours après notre arrivée, les autres prisonniers civils furent de nouveau transférés vers une autre destination, je pus m'arranger pour que je reste dans le camp des soldats à Dorchester. Cependant, je quittai ma cabane et m'installai dans une petite pièce au-dessus des écuries, où je fus chaleureusement reçu par le sergent-major N.

La vie dans cette petite pièce était unique et pleine de camaraderie intime. Mes collègues étaient, outre N., un énorme fantassin bavarois du régiment des gardes du corps, surnommé « Schorsch », et qui nous servait de cuisinier ; un soldat agile et habile des hussards lorrains, policier de profession ; et aussi deux splendides gardes-fusiliers d'une stature gigantesque, de véritables Frisons blonds. Après une semaine, nous avons reçu un septième invité. Il s'agissait du sous-lieutenant H., l'observateur que les Anglais avaient repêché dans la mer du Nord avec son pilote, après avoir dérivé pendant plus de quarante heures sur l'engin accidenté.

La camaraderie dans cette pièce était idéale. Tous ces hommes avaient été faits prisonniers à la grande retraite de la Marne, et, comme il fallait s'y attendre, ces splendides gaillards n'étaient tombés aux mains de l'ennemi que grièvement blessés. Ils étaient d'un si bon caractère et montraient un amour si ardent pour leur pays, que mon cœur se remplit de fierté et de satisfaction. Les soirées étaient particulièrement agréables. Nous imaginions un jeu grossier avec un plateau et quelques morceaux de liège, et jouions régulièrement tous les soirs aux *petits chevaux* avec un plaisir d'enfant.

Mais le véritable plaisir a commencé lorsque nous avons commencé à échanger nos expériences. Tout était nouveau pour moi et j'étais heureux d'apprendre enfin de première main notre splendide bataille et nos triomphes.

Chaque après-midi, 300 à 400 prisonniers, bien entendu gardés de près par des soldats anglais, étaient emmenés pour leur exercice qui les conduisait dans la belle campagne. Je les accompagnais souvent. Tout le temps, nos chants de soldats étaient chantés ; mais avec une force et une extase particulières lorsque nous traversions la ville, allant et revenant, « La Garde sur le Rhin » et « Ô Allemagne, haute en honneurs ! Imaginez 300 ou 400 de nos hommes d'élite, nos troupes victorieuses sous les ordres du général von Kluck ! La population anglaise se comportait déjà avec la plus grande retenue et ne prononçait jamais un mot d'injure ni de menace. Le sergent-major m'a raconté un très bel épisode. Lorsque le major Owen et le capitaine Mitchell furent nommés au camp, leurs épouses les implorèrent de ne pas se rendre parmi les « Huns » sans escorte et sans être lourdement armés. Les deux vieux soldats gardèrent cependant conseil et ne furent pas dévorés ! Après un certain temps, ils suggérèrent à leurs femmes de visiter le camp et de se convaincre que les soldats allemands étaient des gens tout à fait normaux et non des monstres comme le décrivait la presse. Naturellement, au début, les dames s'évanouirent. Mais après beaucoup de persuasion et étant assurées de la présence d'une garde du corps, elles se sont aventurées à entrer dans les bureaux de leurs maris et ont observé les agissements des soldats allemands. La nouvelle de la visite s'est répandue et, en silence, notre chœur d'hommes s'est rassemblé sous les fenêtres et a gazouillé ses plus belles chansons. On me dit que les dames étaient si profondément émues qu'elles ne pouvaient parler et ne pouvaient retenir des larmes amères. À partir de ce moment-là, ils vinrent souvent et témoignèrent beaucoup de bonté envers nos hommes.

Une autre histoire est également très typique.

Un nouveau colonel est arrivé au camp. Lors de son premier coup, il était armé jusqu'aux dents et se promenait entre deux soldats baïonnettes au fusil, l'un devant lui et l'autre derrière lui. Lorsqu'il rencontra le major et le capitaine, absolument désarmés et non accompagnés, il leur reprocha sévèrement leur insouciance.

Mais il s'est vite amélioré.

Un jour, ce nouveau commandant fit venir ces deux messieurs et leur dit d'un ton plein d'horreur :

« Pouvez-vous imaginer cela ? On nous a envoyé de nouveaux prisonniers, et on rapporte qu'ils sont pleins de poux ! Des choses aussi terribles ne peuvent arriver qu'aux Allemands.»

Le capitaine Mitchell se tourna calmement vers le major :

« Te souviens-tu, Owen, que nous étions tellement couverts de poux lors de notre dernière campagne que nous ne pouvions tout simplement pas bouger ?

Le colonel était consterné. Je dois souligner que, même si le colonel *était* colonel, il n'avait jamais eu de sa vie quelque chose à voir avec les affaires militaires. Mais cela ne peut arriver qu'en Angleterre !

Vers la fin du mois de mars, je reçus enfin des nouvelles de mon peuple. Cela faisait presque neuf mois que je n'avais plus de nouvelles d'eux. Il est facile d'imaginer ce que j'ai ressenti lorsque j'ai tenu entre mes mains ma première lettre de chez moi, hésitant à l'ouvrir, car tous mes frères et parents masculins étaient au front depuis juillet 1914. Elle m'a informé qu'ils étaient toujours en sécurité ; mais, d'un autre côté, ma petite sœur bien-aimée, ma meilleure amie, était morte des suites de la guerre.

Vers la fin du mois de mars, l'ordre vint que je serais reconnu comme officier et transféré dans un camp d'officiers. Mon petit paquet et mon bâton de hockey furent bientôt récupérés, et après avoir chaleureusement dit au revoir à mes camarades, je me dirigeai vers la gare avec le major Owen.

J'ai trouvé le tact délicat du vieux monsieur une bénédiction très particulière. Après un voyage de plusieurs heures, nous atteignîmes Maidenhead, près de Londres, où je fus reçu par un autre officier anglais. Et ici, oh, miracle, j'ai aussi rencontré de vieux amis chers. Cinq pièces d'or brillantes qui avaient été prises chez le serrurier Ernst Suse furent remises à mon nouveau compagnon, et celui-ci put me les rendre immédiatement, car j'étais de nouveau officier. Oh, la joie de nos retrouvailles ! Une automobile nous a emmenés au camp des officiers, à Holyport. Les sentinelles présentèrent les armes, les grillages furent ouverts et je me trouvai au milieu d'une foule joyeuse de camarades. Qui aurait pu imaginer ce changement !

J'ai retrouvé ceux que j'avais vus pour la dernière fois à Kiao-Chow, les vainqueurs de Coronel, les quelques vaillants survivants des îles Falkland. Il est impossible d'imaginer notre joie. Les questions et réponses! l'excitation! Et puis le miracle s'est produit, car on m'a conduit à mon dortoir, et là j'ai vu effectivement six ou huit lits, faits de draps blancs et propres. J'étais prisonnier depuis huit semaines, et ce furent les premiers lits que je vis. Peut-on comprendre la timide révérence avec laquelle je me suis couché cette nuit-là ?

Au début, je me croyais au Paradis, d'autant plus qu'on me traitait à nouveau comme un être humain. J'étais de nouveau parmi mes camarades, j'ai retrouvé mes anciens amis et j'en ai été grandement stimulé.

Le traitement dans le camp était bon. Le commandant anglais était un homme sensé qui cherchait à nous faciliter la vie. Le bâtiment était une ancienne école militaire et 100 officiers étaient emprisonnés dans le camp : huit à dix partageaient un dortoir, qui servait en même temps de salon. En outre, il y avait un certain nombre de mess, de salles de lecture et de salles à manger, dans lesquelles nous passions la plupart de notre temps lorsque nous n'étions pas au grand air. La nourriture était purement anglaise, donc difficilement acceptable pour la majorité des Allemands, mais plus que suffisante et de bonne qualité. Au début, nous gérions notre propre désordre ; mais cela fut malheureusement interdit plus tard par le War Office. Pendant la journée, nous étions relativement seuls. Nous étions autorisés à nous déplacer librement entre les bâtiments et dans le jardin. À dix heures du matin, il y avait l'appel et à dix heures du soir, « extinction des feux » et rondes.

Bien entendu, nous n'avions pas le droit d'approcher des enchevêtrements de barbelés qui entouraient tout le lieu et qui étaient strictement gardés et éclairés nuit et jour. Deux fois par jour, les portes s'ouvraient et nous passions entre une allée de soldats anglais jusqu'au terrain de sport, qui se trouvait à environ 200 mètres de là. Nos jeux étaient merveilleusement organisés. Deux magnifiques terrains de football et, surtout, des terrains de hockey parfaits étaient à notre disposition, et nous avons montré une forme si étonnante que même les Anglais ont été impressionnés. Il est superflu d'ajouter que ces champs étaient également entourés de barbelés et de sentinelles.

Ce qui était très agréable, c'était l'apparition bihebdomadaire d'un excellent tailleur, ainsi que d'un mercier, qui nous fournissaient d'excellents bas et nous donnaient l'occasion de renouveler notre garde-robe.

Notre salaire mensuel s'élevait à 120 marks, dont soixante étaient réservés à notre entretien. Nous étions autorisés à dépenser le reste ; aussi pour recevoir de l'argent de chez soi. Le message a fonctionné sans accroc. Les lettres d'Allemagne, ainsi que les colis, mettaient de six à huit jours et arrivaient régulièrement. Les conditions étaient moins heureuses en ce qui concerne notre propre correspondance. Notre allocation hebdomadaire se composait de deux courts billets, et comme nous aurions volontiers rempli des rames à nos plus chers à la maison ! Le poste était l'Alpha et l'Omega de notre existence. Nous répartissions toute notre journée d'après son déroulement, et l'humeur du camp en était réglée.

Chaque matin, c'était le même spectacle. Lorsque l'interprète arriva avec les lettres, tout fut abandonné et oublié. L'officier anglais était entouré d'une foule silencieuse de gens qui attendaient. Le cœur de chacun était rempli du désir ardent de recevoir un signe, un message d'amour de chez soi. Quelle joie lorsque les espoirs se réalisent, quelle tristesse et quelle déception lorsqu'ils sont brisés. Dans ce dernier cas, on disait toujours : « Un jour de plus perdu ». Quand, deux mois après, j'étais de retour en Allemagne, et qu'on me demandait de toutes parts ce qu'on pouvait faire pour donner du plaisir aux prisonniers, je disais toujours : « Écrivez, écrivez autant que vous le pouvez. Ce que le prisonnier désire le plus, ce sont des lettres.

Nous vivions dans une camaraderie très étroite. Le soir, nous nous asseyions en groupe autour des belles et grandes cheminées dans lesquelles brûlaient d'énormes bûches de bois. La conversation abordait les batailles et les victoires, le chagrin et la mort, ainsi que les événements sauvages et aventureux. Nous avions beaucoup de bons livres et un quatuor à cordes ainsi qu'une chorale ajoutaient beaucoup à notre divertissement.

Nous avons fait bien des plaisanteries, et après avoir bien ri, nous nous sommes sentis soulagés pour un temps de la terrible oppression que la captivité exerçait sur nos esprits.

Fin avril, notre existence tranquille fut brusquement brisée.

Un soir, l'ordre fut reçu de transférer cinquante officiers au camp des officiers de Donington Hall. L'excitation était vive, car personne ne voulait partir ; mais ni les supplications ni l'opposition n'ont prévalu. Nous avons dû faire nos valises et partir. J'étais le seul officier de marine du parti, et cela malheureusement parce que le commandant anglais du camp considérait la proximité de Londres comme une tentation trop dangereuse pour moi. Mon ami dévoué, Siebel, un officier d'aviation de l'armée, me suivit, donc au moins nous deux, du même service, restâmes ensemble.

Le 1er mai, nous sommes donc repartis. Des automobiles nous conduisirent à la gare de Maidenhead, où nous attendaient deux voitures réservées. Nous restâmes tranquilles dans nos compartiments ; mais les voitures elles-mêmes étaient strictement gardées.

Pendant de nombreuses heures, nous avons roulé vers le nord. Dans les gares, les gens regardaient curieusement par nos fenêtres, mais gardaient une attitude calme. Parfois, une vieille femme, probablement une suffragette, nous tirait sa mauvaise langue. Enfin, dans l'après-midi, nous atteignîmes la gare de Donington Castle, près de Derby, où nous devions nous répartir en escouades. Gardés par soixante ou soixante-dix soldats, nous avons été emmenés sur l'ordre « Marche rapide ».

À l'extérieur de la gare, nous avons été accueillis par une foule hurlante, composée de femmes, de garçons et d'enfants de petite taille, mais de quelques hommes. En France, beaucoup d'entre nous étaient habitués à ce comportement indigne de la population, mais en Angleterre, c'était une expérience nouvelle. Les femmes et les filles, appartenant aux classes inférieures, se comportaient comme des sauvages. En criant et en sifflant, ils couraient à nos côtés et derrière nous, et parfois une pierre ou un morceau de terre déferlait dans les airs. Mais la majorité éclatait de rire et semblait énormément apprécier leurs pitreries. Au premier virage, une voiture est arrivée derrière nous en hurlant. Au volant était assis notre officier-interprète, M. M..., un individu gros et hautain, que nous devions connaître plus tard de manière exhaustive. Monsieur M... voulait créer une impression, et il y parvint aussitôt en écrasant un de ses propres soldats, qui appartenait à notre escorte. Un tumulte général s'ensuit, auquel tout le monde prend part. Enfin, deux de nos « Huns » se sont précipités en avant et ont sauvé le malheureux Tommy

de sous les roues. Alors la fureur des femmes se tourna contre Monsieur M...,
qui n'en aurait pas eu beaucoup s'il n'était pas parti au plus vite. C'est vraiment
regrettable qu'il ait pu le faire ! Mais cet incident fut vite oublié et la foule
continua de crier. La situation devenait de plus en plus indisciplinée et la
saleté de plus en plus abondante, quand tout à coup quatre ou cinq vaches,
mâchant tranquillement, arrivèrent et essayèrent de nous dépasser des deux
côtés. Ce qui a suivi était si comique que nous, ainsi que nos Tommies,
sommes restés immobiles et avons éclaté de rire. En voyant les vaches
paisibles, les courageuses Amazones poussèrent des cris désespérés,
relevèrent leurs jupes et coururent ! Les forts piétinaient impitoyablement les
faibles et, en un clin d'œil, une masse confuse de femmes gisait en hurlant et
en donnant des coups de pied dans les fossés des deux côtés de la route.

Après cela, nous avons été laissés en paix et avons pu poursuivre notre
chemin rapidement.

Tout le temps, j'ai scruté attentivement notre environnement et j'ai noté
différents points de repère, qui pourraient peut-être s'avérer utiles un jour.

Le soleil brûlait impitoyablement sur nous et nous étions baignés de sueur
lorsque nous atteignîmes enfin notre nouvelle maison : Donington Hall.

La discipline y régnait.

Les portails et les grillages s'ouvrirent devant nous ; toute la garde sortit et
présenta les armes ; l'officier de commandement et deux lieutenants se
tenaient à l'aile droite, les mains levées en signe de salut.

Après avoir été reçus par le commandant du camp, nous fûmes répartis dans
les chambres et j'eus la chance de trouver, avec quatre autres camarades,
parmi lesquels mon *fidus Achates* Siebel, un petit repaire très sympa.

Ici aussi, j'ai rencontré un grand nombre de vieux amis. Certains des
survivants du *Blücher* , certains des destroyers torpilleurs et des petits
croiseurs, ainsi que plusieurs hommes volants de l'armée et de la marine.

Donington Hall était le camp de prisonniers modèle de l'Angleterre. D'après
tout ce que nous avions lu pendant des semaines dans les journaux anglais,
cela aurait dû être le paradis. Des colonnes quotidiennes et interminables
insultaient le gouvernement pour le luxe avec lequel les officiers allemands
étaient logés. Comme cela arrive habituellement, les attaques les plus
virulentes ont été lancées par des femmes, et elles ont même fait de notre
expulsion de Donington Hall une question féministe. Même le Parlement a
dû aborder cette question à plusieurs reprises. La rumeur courait que l'endroit
était richement meublé, que nous avions plusieurs salles de divertissement et
de billard, un parc à cerfs privé ; et même se livraient à des chasses au renard,
se levaient spécialement pour notre bénéfice.

Rien de tout cela n'était vrai. Donington Hall était un grand et vieux château datant du XVIIe siècle, entouré d'un joli parc ancien ; mais ses chambres étaient complètement nues et ses logements aussi primitifs et rares que possible. Il n'y avait aucune trace des autres objets – salles de divertissement ou de chasse. Après notre arrivée, les détenus étaient au nombre de 120 et nous étions entassés comme des harengs marinés. On ne peut pas imaginer ce qui se serait passé si le camp avait conservé son effectif complet – 400 à 500 officiers – car nos mess, nos cuisines et nos salles de bains, etc., étaient loin d'être suffisants même tels quels.

Nous avons le plus aimé le magnifique parc. Notre résidence était divisée en deux zones, *c'est -à -*dire dans les limites dites de jour et de nuit. Ces zones étaient délimitées par d'immenses constructions de barbelés, en partie chargés d'électricité, éclairées la nuit par de puissantes lampes à arc et étroitement gardées par des sentinelles de jour comme de nuit.

A six heures du soir, après l'appel principal, la frontière de jour fut fermée et ne rouvrit que le lendemain à huit heures. La vie à Donington Hall était pratiquement la même qu'à Holyport, avec la différence que, grâce au parc, nous avions une plus grande liberté de mouvement, pouvions nous adonner à plus de sport et disposions de trois courts de tennis. La nourriture ici aussi était anglaise, de sorte que beaucoup ne l'aimaient pas ; mais c'était très bien. Le colonel anglais était raisonnable et, bien qu'il grogne souvent et soit parfois un peu enclin à nous faire sentir son autorité, c'était un homme distingué, intelligent et un parfait soldat, et c'était là l'essentiel. Il fit tout ce qui était en son pouvoir pour alléger notre dur sort et s'intéressa particulièrement à nos sports, ce qui était tout à fait bien.

Il avait un substitut des plus odieux dans la personne de l'interprète, le lieutenant M..., l'automobiliste, qui était un digne homologue de mon ami M... de l' *Andania* , non seulement « lieutenant provisoire », mais aussi « gentleman provisoire ». Sa famille était originaire de Francfort-sur-le-Main ; il était directeur d'une troupe ambulante avant la guerre, et il ne faisait rien pour dissimuler son caractère bas. Je crois que le colonel anglais le regardait avec le plus grand mépris, et les sergents anglais, avec lesquels nous échangeions parfois quelques mots à la cantine, nous suppliaient de croire que tous les officiers anglais n'étaient pas comme ce Mr M....

Un soir, vers la fin du mois de juin, nous eûmes une délicieuse aventure. À l'extérieur des barbelés, un troupeau de cerfs sauvages, chevreuils et faons, se rassemblait par centaines et courait partout, aussi apprivoisés que des chèvres.

Ce soir-là, un petit faon adorable, qui avait perdu sa mère, a couru devant le grillage et, attiré par nos appels séduisants, il s'est intelligemment glissé à travers les défenses jusqu'au camp. Le faon fut entouré et caressé (les chasseurs grondaient), et enfin il fut porté en triomphe dans les bras d'un lieutenant dans la chambre des batmen, où nous avions l'intention de l'élever.

Dieu sait comment M... en a entendu parler. Quoi qu'il en soit, il fit appeler l'adjudant de camp allemand et dit d'une voix tremblante d'anxiété :

« Lieutenant S., est-ce vrai qu'il y a un animal dans le camp ?

"Oui Monsieur; un animal."

"Est-ce qu'il est entré par les fils emmêlés ?"

"Oui; ça s'est simplement glissé.

"Oh, c'est épouvantable !" fit remarquer M. M..., et il parut perdre complètement la voix. « Il faut que je voie tout de suite le trou par lequel la grosse bête s'est glissée. Je suis convaincu que les officiers allemands ont coupé le grillage pour s'enfuir. L'animal doit également être immédiatement retiré.

Et c'est ce qui s'est passé.

Et, ce n'est pas une plaisanterie, on fit venir vingt hommes de la garde, baïonnette au canon. Le soldat allemand solitaire accompagné du petit faon innocent a été emmené parmi eux. Sur l'ordre « Marche rapide », tout le cortège s'est dirigé vers la porte intérieure de la clôture. Ce dernier fut ouvert, les vingt hommes accompagnés du soldat allemand et du faon pénétrèrent dans l'espace intermédiaire, la soi-disant « serrure », le portail intérieur, fut soigneusement fermée. Ce n'est qu'à ce moment-là que celui extérieur fut ouvert, que le soldat libéra le faon et que tout le cortège reprit ensuite le chemin du retour. Oh, Monsieur M... quelle risée vous avez fait de vous-même !

Après cela, tous les enchevêtrements furent soigneusement examinés et, bien qu'il fût impossible de trouver la plus petite fente par laquelle un homme aurait pu se faufiler, M... ne put se calmer pendant des jours.

Outre la poste, l'arrivée des journaux représentait le principal intérêt de la journée. Nous avons été autorisés à recevoir le *Times* et le *Morning Post* et, bien qu'ils fussent presque exclusivement remplis de victoires de l'Entente, nous les connaissions si bien après peu de temps que nous pouvions lire entre les lignes et étions capables de conjecturer l'état réel de la situation. affaires avec une exactitude approximative.

Mais quelle colère dans les journaux face au naufrage du *Lusitania* , et quelle colère lorsque les Russes durent se retirer — bien sûr pour des raisons stratégiques uniquement ! Nous avions fabriqué nous-mêmes plusieurs immenses cartes des théâtres de guerre, exactes jusque dans les moindres détails, et chaque matin, à onze heures, nos « officiers d'état-major » travaillaient dur pour déplacer les petits drapeaux. Souvent, le colonel anglais lui-même se tenait devant eux et secouait pensivement la tête.

CHAPITRE XII

L'ÉVASION

DANS temps la captivité est devenue insupportable. Rien ne soulageait ma tristesse, ni les lettres, ni les colis expédiés de chez moi par des mains aimantes, ni la compagnie de mes amis, pas même le hockey, auquel je m'adonnais si acharné que le soir je m'endormais, à moitié mort de fatigue.

Tout cela n'a servi à rien. Finalement, la maladie des prisonniers, le mal du pays, m'a tenu sous son emprise, comme elle en avait tenu tant d'autres avant moi. L'apathie du plus terrible désespoir, du désespoir total. Désespéré!

Pendant des heures, je restais allongé sur l'herbe et regardais le ciel avec les yeux grands ouverts, et toute mon âme désirait ardemment les nuages blancs au-dessus, pour m'éloigner avec eux vers le pays lointain et bien-aimé.

Lorsqu'un aviateur anglais s'est envolé tranquillement et en toute sécurité dans le firmament bleu, mon cœur s'est contracté de douleur et un désir sauvage et désespéré m'a fait frissonner. Mon état s'est progressivement aggravé. Je suis devenu irritable et nerveux, j'ai eu un comportement brusque envers mes camarades et je me suis visiblement détérioré, tant mentalement que physiquement. C'était tout à fait déraisonnable de ma part, car j'aurais dû être convaincu d'avoir au moins vu quelque chose des hostilités et d'avoir vécu de nombreuses expériences intéressantes ! Tant de personnes tombèrent blessées entre les mains de l'ennemi dès les premiers jours de la guerre ; mais les plus à plaindre étaient ceux qui étaient venus d'Amérique au début de la guerre, abandonnant tous leurs biens et effets personnels, tout ce qui leur était cher, pour servir leur patrie, et qui avaient été faits prisonniers par la trahison anglaise, avant d'avoir eu une chance de tirer l'épée.

Nous étions profondément déprimés parce que nous étions privés de nouvelles de guerre provenant de sources allemandes et, bien que nous n'accordions naturellement aucun crédit aux rapports mensongers des Anglais, après un certain temps, nous ressentions l'oppression de lire, semaine après semaine, rien. mais abus contre l'Allemagne, nouvelles de défaites, révolution et famine là-bas. L'incertitude a été notre pire épreuve, et l'annonce de la trahison ignoble de l'Italie nous a frappé particulièrement durement.

Quel triomphe dans les journaux anglais !

Finalement, je n'en pouvais plus. Il fallait faire quelque chose si je voulais être sauvé du désespoir.

Jour et nuit, j'ai planifié, réfléchi, délibéré sur la manière dont je pourrais échapper à ce misérable emprisonnement. Je devais agir avec le plus grand calme et la plus grande prudence si j'espérais réussir.

Pendant des heures entières, j'ai marché de long en large devant différentes parties des enchevêtrements, tandis que j'examinais sans ostentation chaque fil et chaque pieu. Pendant des heures, je restais allongé dans l'herbe à proximité de certains de ces endroits qui semblaient favorables, feignant de dormir. Mais pendant tout ce temps, j'observais attentivement chaque objet et notais les manières et les habitudes des différentes sentinelles. J'avais déjà fixé l'endroit où j'avais décidé de grimper sur les barbelés. Reste maintenant à savoir comment progresser une fois cet obstacle surmonté. Nous ne possédions ni carte de l'Angleterre, ni boussole, ni horaire, ni moyen d'assistance d'aucune sorte. Nous ignorions même l'emplacement exact de Donington Hall. Je connaissais la route qui menait à Donington Castle, car je l'avais gravée dans ma mémoire le jour de notre arrivée. J'avais également entendu dire par un officier, qui avait été emmené en voiture à Donington Hall depuis Derby, que ce dernier se trouvait à environ 25 à 30 milles au nord et qu'il avait traversé un long pont avant que la voiture ne tourne dans le village. Ensuite, je me suis lié d'amitié avec un gentil vieux soldat anglais, à qui j'offrais de temps en temps quelques cigares et que j'invitais à un verre de bière à la cantine. Après nous être rencontrés plusieurs fois, je lui ai demandé s'il ne trouvait pas très ennuyeux d'être lié à Donington et s'il lui arrivait de changer ?

"Oh oui", dit-il, de temps en temps il se rendait à vélo à Derby pour aller au cinéma.

"Quoi! Derby?" dis-je. Mais c'est trop loin pour vous. Tu es bien trop vieux pour ça !

"Trop vieux? JE? Non monsieur! Vous ne connaissez pas un Tommy anglais si vous pouvez dire ça. Quand je suis sur mon vélo, je peux courir n'importe quel jeune homme, et dans trois à quatre heures, je suis au Derby !

J'en avais assez appris pour ce jour-là. La semaine suivante, j'ai retrouvé mon vieil ami. Nous avons échangé des salutations et je lui ai mis dans les mains deux cigares que j'avais toujours avec moi, bien que je ne fume pas.

"Bonjour, Tommy!" J'ai commencé soudainement. «Je parlais hier avec un frère officier. J'ai juré que Derby se trouve au nord de nous, et il insiste sur le fait que c'est au sud. Si je gagne, vous recevrez une bonne grosse cruche de bière.

Les yeux de mon ami brillaient de joie et il m'assura par son serment sacré que j'avais gagné et que Derby se trouvait très certainement au nord de Donington Hall.

Maintenant, je savais.

C'est alors que je résolus de faire cause commune avec un officier de marine, l'Oberleutnant Trefftz, qui connaissait l'Angleterre et parlait remarquablement bien l'anglais.

Le 4 juillet 1915 avait été choisi pour notre évasion. Nous l'avions répété dans les moindres détails et avions fait tous nos préparatifs.

Le 4 juillet au matin, nous nous sommes déclarés malades.

A l'appel du matin, à dix heures, nos noms furent inscrits sur la liste des malades, et une fois celle-ci terminée, le sergent d'ordonnance vint dans notre chambre et nous trouva malades au lit.

Tout fonctionnait bien.

Dans l'après-midi, la décision est venue.

Vers 16 heures, je m'habillais, rassemblai tout ce que je jugeais nécessaire à mon vol, mangeai plusieurs petits pains copieux beurrés et fis mes adieux à mes camarades, notamment à mon fidèle ami Siebel, que je ne pouvais malheureusement pas emmener avec moi car il n'était pas âgé. marin et ne parlait pas anglais.

Une forte tempête était en cours et la pluie tombait à torrents du ciel gris. Les sentinelles étaient mouillées et grelottaient dans leurs guérites, et personne n'y prêta donc attention lorsque deux officiers décidèrent de se promener dans le parc, malgré la pluie. Le parc contenait une grotte, entourée d'arbustes, d'où l'on pouvait dominer toute son étendue et les barbelés, sans être vu.

C'est là que Trefftz et moi nous sommes glissés. Nous avons quitté précipitamment Siebel, qui nous a couvert de chaises de jardin, et nous étions seuls. Nous étions désormais entre les mains de la Providence, et il fallait espérer que la Fortune ne nous abandonnerait pas.

Nous avons attendu, haletants. Les minutes semblaient des siècles, mais lentement et sûrement, les heures s'écoulaient les unes après les autres, jusqu'à ce que l'horloge de la tourelle sonne six heures avec un carillon fort et clair. Nos cœurs battaient à l'unisson. Nous entendîmes sonner la cloche de l'appel, le commandement « Attention », puis la fermeture bruyante de la frontière diurne. Nous osions à peine respirer, nous attendant à tout moment à entendre nos noms criés. Il était 6h30 et rien ne s'était passé. Un poids s'est échappé de nos épaules. Dieu merci, le premier acte a été un succès. Car lors de l'appel, nos noms avaient été de nouveau inscrits sur la liste des malades et, dès que les officiers eurent pu se retirer, deux de nos camarades revinrent

en toute vitesse par l'entrée arrière et occupèrent le lit de Trefftz et le mien. .
Ainsi, lorsque le sergent arriva, il fut en mesure de rendre compte de manière
satisfaisante des deux invalides. Comme tout était désormais en ordre, la
frontière de nuit fut fermée, comme chaque nuit, et même les sentinelles
retirées de la frontière de jour. Nous avons donc été livrés à nous-mêmes. La
pluie exceptionnellement forte nous a été une aubaine, car les soldats anglais
se livraient généralement à toutes sortes de folies le soir, et nous aurions
facilement pu être découverts.

Les heures se succédaient. Nous restons silencieux ; Parfois, nous nous
donnions des coups de coude et hochions la tête joyeusement à l'idée que
jusqu'à présent tout s'était si bien passé.

A 22h30, notre enthousiasme atteint son paroxysme. Nous avons dû réussir
notre deuxième test. Nous avons clairement entendu le signal « Debout » et,
depuis la fenêtre ouverte de mon ancienne chambre, « La Garde sur le Rhin
» a retenti sonorement. C'était le signal concerté que tous étaient en alerte.

L'officier d'ordonnance, accompagné d'un sergent, parcourut toutes les
pièces et s'assura que personne ne manquait. Par des observations faites
pendant des semaines, je m'étais assuré que les officiers d'ordonnance
choisissaient toujours le même itinéraire pour regagner leur quartier, après
leur ronde, par le chemin le plus court. C'était donc ce soir. La tournée
commença par la pièce où Trefftz manquait. Bien sûr, son lit était déjà occupé
par quelqu'un.

« Tous présents ? »

"Oui Monsieur!"

"D'accord! Bonne nuit, messieurs.

Et ainsi de suite. Dès que l'officier d'ordonnance eut tourné le coin, deux
autres camarades coururent dans la direction opposée et dans ma chambre,
afin qu'ici aussi tous puissent être signalés « présents ».

Il est difficile de concevoir notre excitation et notre tension nerveuse pendant
que cela se déroulait. Nous suivions mentalement tout ce qui se passait, et
quand soudain le silence s'installa pendant une période inadmissiblement
longue, nous craignîmes le pire. Les mains glacées, les oreilles aux aguets au
moindre bruit, nous restions allongés, osant à peine respirer.

Enfin, à 23 heures, une vive acclamation rompit le silence. C'était notre signal
concerté que tout était clair !

CHAPITRE XIII

NUITS NOIRES SUR LA TAMISE

TOUT était silencieux autour de nous. La pluie a cessé. Le parc était plongé dans l'obscurité, et seule la lumière des énormes lampes à arc, qui éclairaient la limite nocturne, flottait faiblement vers nous. Le bruit sourd des pas des sentinelles qui se promenaient devant leurs loges, et leurs appels tous les quarts d'heure, semblaient étranges dans le silence. A minuit, la garde fut relevée et je la suivis avec une attention tendue. Sur ce, l'officier d'ordonnance a allumé sa lampe au-dessus de la limite du jour et, à minuit et demi, le calme régnait à nouveau.

Le moment d'agir était arrivé. Je me suis glissé doucement comme un chat depuis ma cachette, à travers le parc jusqu'à la clôture de barbelés, pour me convaincre qu'il n'y avait aucune sentinelle dans les parages. Quand j'ai vu que tout était en ordre et que j'avais trouvé l'endroit exact où nous voulions grimper, j'ai de nouveau rampé pour aller chercher Trefftz. Là-dessus nous revînmes par le même chemin.

Arrivé à la clôture, je donnai à Trefftz mes dernières instructions et lui tendis mon petit paquet.

J'ai été le premier à escalader la clôture, qui mesurait environ 9 pieds de haut, et tous les 8 pouces, le fil était recouvert de longues pointes.

Les fils chargés d'électricité étaient placés à 2½ pieds du sol. Un simple contact eût suffi pour déclencher un système de cloches qui, bien entendu, aurait donné l'alarme à tout le camp. Nous portions des leggings en cuir pour nous protéger des pointes ; autour de nos genoux, nous avions des puttes enroulées et nous portions des gants de cuir.

Mais toutes ces précautions n'ont servi à rien et nous avons été gravement égratignés par les pointes. Cependant, ils nous évitaient de glisser et d'entrer en contact avec les fils électriques. Je me suis facilement balancé par-dessus la première clôture. Trefftz nous remit nos deux paquets et me suivit avec la même aisance.

Ensuite, nous avons été confrontés à un obstacle métallique, de 3 pieds de haut sur 30 pieds de large, conçu selon les dispositifs les plus récents et les plus astucieux. Nous l'avons écrasé comme des chats. Après cela, nous arrivâmes de nouveau devant une haute haie de barbelés, construite exactement sur les mêmes lignes que la première et également chargée électriquement. Nous y sommes parvenus aussi, sauf que j'ai arraché un morceau du bas de mon pantalon, que j'ai dû récupérer pour le remettre plus tard.

Mais, Dieu merci, nous avons dépassé les limites !

Trefftz et moi nous serrâmes la main et nous regardâmes en silence.

Mais maintenant la principale difficulté commençait. Nous avançâmes prudemment dans l'obscurité, traversant un ruisseau, escaladant un mur, sautant dans un fossé profond, et enfin nous faufilâmes devant le poste de garde qui se dressait à l'entrée du camp. Ce n'est qu'après cela que nous étions à découvert.

Nous avons couru sans nous arrêter sur la large route principale qui menait au château de Donington. Au bout d'une demi-heure, nous nous sommes arrêtés et avons enlevé nos leggings et nos gants, qui avaient été lacérés et déchirés par le fil. La paume de nos mains, nos pieds, sans parler des autres parties de notre corps, étaient dans un joli état. Les barbelés nous ont laissé des souvenirs qui ont piqué pendant des semaines.

Nous avons alors ouvert nos paquets, sorti des imperméables gris civils et parcouru la route de bonne humeur, comme si nous venions d'un spectacle tardif. Lorsque le château de Donington est apparu, nous avons dû être particulièrement prudents. Nous étions convenus de tout ce que nous ferions au cas où nous rencontrerions quelqu'un.

Soudain, alors que nous entrions dans le village, un soldat anglais s'avança vers nous. Trefftz m'a embrassé, m'a attiré vers lui et nous nous sommes comportés comme des tourtereaux joyeux. L'Anglais nous observa avec envie et poursuivit son chemin en claquant la langue. C'est alors seulement que quelque chose dans sa silhouette trapue et petite m'a fait réaliser qu'il s'agissait du sergent-major de notre camp ! Nous sortîmes vivement, et après avoir dépassé le village, nous fûmes favorisés par le hasard et arrivâmes au pont dont on nous avait parlé. Mais nous avons été immédiatement confrontés à une proposition critique. L'autoroute bifurquait ici dans trois directions, et il était impossible d'aller plus loin sans connaître la route. Enfin, malgré l'obscurité, nous découvrîmes un panneau indicateur, chose extrêmement rare en Angleterre. Heureusement, il était en fer et, lorsque Trefftz l'avait escaladé, il pouvait sentir avec ses doigts le mot « Derby » tracé dessus en lettres en relief.

Nous avons alors fait un pas rapide et, prenant nos repères près de l'étoile polaire, nous avons basculé vigoureusement. Chaque fois que nous croisions des piétons et des voitures, et surtout lorsque ces dernières nous suivaient, nous nous cachions dans le fossé et attendions que le danger soit passé. Il était tout naturel que nous devinions la présence d'un messager de Némésis, prêt à fondre sur nous, dans n'importe quelle voiture qui passerait. Quand nous avions faim, nous mangions un peu du jambon et du chocolat que nous avions apportés. Malheureusement, l'un était trop salé et l'autre trop sucré, de sorte que nous étions en proie à une soif inextinguible qui devint bientôt si insupportable que nous pouvions à peine avancer. Les choses étaient encore pires car nous avions transpiré abondamment pendant nos efforts, et maintenant nous ne pouvions trouver de meilleur moyen d'étancher notre soif que de rester debout dans le fossé et de lécher les gouttes de pluie des feuilles, jusqu'à ce que nous trouvions une petite mare sale, sur laquelle nous nous nous jetâmes avec avidité. Et n'était-ce pas bon !

Peu à peu, l'aube arriva. Vers quatre heures du matin, lorsque nous arrivâmes en vue des premières maisons des faubourgs de Derby, le soleil se leva dans une splendeur majestueuse, comme une boule cramoisie à l'horizon. Nous sommes restés ravis par ce spectacle glorieux, et nous nous sommes de nouveau serrés la main et avons joyeusement salué le soleil.

Car il venait d'Allemagne, directement de notre pays ; il avait capté ses teintes rouges sur les champs de bataille rouges et nous avait apporté des messages fidèles de nos bien-aimés. De bon augure !

Nous nous sommes maintenant glissés dans un petit jardin et avons aménagé des toilettes élaborées. Une brosse à vêtements a fait des miracles et une aiguille a réparé les dégâts causés à mon pantalon. Le manque de savon à raser était comblé par des crachats, après quoi nos pauvres visages étaient soumis aux soins d'un rasoir Gilette. Nous arborions chacun notre col et notre cravate solitaires, laissant derrière nous la brosse ainsi que d'autres obstacles inutiles. Nous sommes entrés dans Derby, l'air de véritables « Knuts ».

Notre chance persista, et non seulement nous retrouvâmes bientôt la gare où nous nous séparâmes discrètement, mais nous apprîmes en outre que le prochain train pour Londres partait dans un quart d'heure. J'ai pris un billet aller-retour en troisième classe pour Leicester et, armé d'un gros journal, je suis monté à bord du train. A Leicester, je descendis, pris un billet pour Londres, et en entrant dans le compartiment, je découvris, assis en face de moi, un gentleman vêtu d'un pardessus gris, que j'avais dû rencontrer auparavant, mais auquel je n'avais naturellement pas prêté attention. Je crois que son nom commençait par un T.

Vers midi, le train arriva à Londres. Lorsque je suis passé devant le contrôleur, je dois avouer que je ne me sentais pas très à l'aise et que ma main tremblait un peu. Mais rien ne se passe et au bout de quelques minutes je me retrouve englouti dans le tourbillon de la capitale.

C'était extrêmement chanceux d'avoir passé du temps à Londres deux ans auparavant et de connaître mon chemin. J'ai visité tour à tour quatre restaurants différents, où j'ai apaisé ma faim en mangeant modérément dans chacun, afin d'éviter les commentaires sur mon appétit vorace. Après cela, je marchai le long de la Tamise, me rappelant toutes les rues, ponts et débarcadères que je connaissais autrefois, et notai particulièrement les localités où étaient amarrés les vapeurs neutres.

J'avais imaginé avec tendresse que les conditions seraient plus favorables et que je pourrais tout de suite trouver un bateau. Mais je vis maintenant que tous les quais et la plupart des vapeurs neutres étaient strictement gardés et se trouvaient au milieu du fleuve. A ce moment, tout contribuait à ma dépression : l'environnement étrange, mon insécurité du début, quand j'imaginais que tout le monde savait qui j'étais et pouvait deviner que je m'étais échappé de Donington Hall ; aussi la fatigue et l'excitation de la nuit précédente, et le sentiment de solitude totale dans cette ville immense et ennemie. Je n'avais pas non plus réussi à obtenir un journal contenant des renseignements sur les transports maritimes, et ce fut une amère déception.

Faut-il s'étonner qu'à sept heures du soir, je me trouve là, fatigué et abattu, sur les marches de la cathédrale Saint-Paul, à attendre Trefftz ? J'ai attendu jusqu'à neuf heures, mais aucun Trefftz n'est apparu.

Convaincu que Trefftz avait déjà réussi son évasion sur un bateau à vapeur amical, je me traînai, totalement épuisé, jusqu'à Hyde Park que, à mon plus grand désarroi, je trouvai fermé. Qu'est-ce que je devrais faire maintenant? Où dois-je dormir ? Je ne pouvais pas rester dans la rue si je voulais passer inaperçu, et je n'osais pas aller dans un hôtel car je n'avais pas de passeport, qui, même pour les Anglais, était devenu obligatoire, et sans lequel aucun hôtelier n'était autorisé à recevoir visiteurs.

Dans un misérable bar où j'étais entré pour me fortifier, je n'ai pu me procurer qu'une bière bien chaude et un morceau de gâteau. Tout le reste avait été consommé et lorsque le bar a fermé, je me suis retrouvé à nouveau dans la rue. Je me suis engagé dans une ruelle aristocratique où de belles demeures étaient entourées de jardins soigneusement entretenus. J'étais à peine capable de me tenir debout et, au premier moment favorable, j'ai sauté avec décision par-dessus l'une des clôtures du jardin et je me suis caché dans une épaisse haie de buis, à seulement un pied du trottoir. Il est difficile de décrire mon état d'esprit. Mon pouls battait à tout rompre et les pensées couraient à toute allure dans mon cerveau fatigué. Enveloppé dans mon imperméable, je restais allongé dans ma cachette, furtivement, comme un voleur.

Si quelqu'un m'avait trouvé ici dans cette situation épouvantable, c'était moi, un officier allemand ! Je me sentais comme un criminel et, dans mon cœur, j'étais fermement résolu à ne jamais révéler à personne les détails de ma méprisable aventure. Oh, si j'avais su alors où je devrais bientôt traîner la nuit, et même n'y trouver rien d'étrange, j'aurais moins senti ma position !

Après que je sois resté environ une heure dans mon refuge, la porte-fenêtre de la maison, donnant sur une belle véranda, s'ouvrit, et plusieurs dames et messieurs en tenue de soirée sortirent pour profiter de la fraîcheur de la nuit. Je pouvais les voir et entendre chaque mot. Bientôt les sons d'un piano se mêlèrent à ceux d'une splendide voix de soprano, et les plus merveilleux chants de Schubert remplirent mon âme de nostalgie.

Finalement, l'épuisement total s'est imposé et j'ai dormi lourdement, voyant dans mon esprit les plus belles images de l'avenir.

Le lendemain matin, j'ai été réveillé par le pas régulier et lourd d'un policier qui marchait dans la rue, tout près de l'endroit où je me trouvais, sous les rayons chauds et brillants du soleil qui brillaient sur moi.

Donc, après tout, j'avais dormi trop longtemps – il m'appartenait d'être prudent. Les policiers déambulaient bêtement, sans songer au départ. Finalement, la fortune m'a favorisé. Une charmante petite servante a ouvert la porte, et hop ! le policier était à ses côtés, conversant de manière ludique avec la jolie chérie.

Sans être vu par aucun des deux, d'un mouvement rapide, j'ai sauté par-dessus la clôture et j'ai débouché dans la rue. Il était déjà six heures et Hyde Park venait tout juste d'ouvrir ses portes. Comme le métro ne fonctionnait pas encore, je suis entré dans le parc et je me suis laissé tomber de tout mon long sur un banc, à côté d'autres vagabonds qui s'y étaient installés. J'ai alors mis mon chapeau sur mon visage et j'ai dormi profondément jusqu'à neuf heures.

Avec une force et un courage renouvelés, je suis entré dans le métro et j'ai été transporté jusqu'à la zone portuaire. Dans le Strand, d'immenses affiches jaunes attirèrent mon attention, et qui pourra décrire mon étonnement lorsque je lis dessus, imprimé en grosses lettres grasses, que :

(1) M. Trefftz avait été repris la veille au soir ; (2) M. Plüschow était toujours en fuite ; mais que (3) la police était déjà sur ses traces.

Les premier et troisième éléments étaient des nouvelles ; mais je savais tout sur le second. J'achetai aussitôt un journal, entra dans un salon de thé, où je lus avec beaucoup d'intérêt l'annonce suivante :

" Extra Late War Edition " CHASSE AUX ALLEMANDS
ÉVASIONS " *Voix aiguë comme indice*

« Scotland Yard a publié hier soir la description modifiée suivante de Gunther Plüschow, l'un des prisonniers allemands qui se sont évadés lundi de Donington Hall, dans le Leicestershire :

Hauteur, 5 pieds 5½ pouces ; poids, 135 livres; teint clair; cheveux blonds; yeux bleus; et marques de tatouage : dragon chinois sur le bras gauche.

Comme déjà indiqué dans le *Daily Chronicle* , le compagnon de Plüschow, Trefftz, a été repris lundi soir à Millwall Docks. Les deux hommes sont des officiers de marine. Une description antérieure indiquait que Plüschow avait vingt-neuf ans. Sa voix est aiguë.

« Il est particulièrement intelligent et d'apparence pimpante, a de très belles dents, qu'il montre assez bien en évidence lorsqu'il parle ou sourit, a des manières « très anglaises » et connaît bien ce pays. Il connaît aussi bien le Japon. Il est rapide et alerte, tant mentalement que physiquement, et parle français et anglais couramment et avec précision. Il était vêtu d'un costume gris ou d'un mélange gris et jaune.

Pauvre Trefftz ! Alors ils l'avaient eu ! J'étais clair dans mon esprit quant à ce que j'allais faire et le mandat m'a donné quelques points précieux. D'abord, j'ai dû me débarrasser de mon imperméable. Je me suis donc rendu à la gare de Blackfriars et j'ai laissé mon pardessus au vestiaire. Alors que je lui remettais le vêtement, l'employé m'a soudainement demandé : « Quel est votre nom, monsieur ? Cette question m'a complètement bouleversé, car je n'y étais pas du tout préparé. Les genoux tremblants, j'ai demandé : « Meinen ? (le mien), répondant en allemand car je présumais naturellement que l'homme avait deviné mon identité.

"Oh, je vois, M. Mine—Mine", et il m'a remis un reçu au nom de M. Mine. C'était un miracle que ce fonctionnaire n'ait pas remarqué ma terreur, et je me sentais particulièrement mal à l'aise lorsque je dus croiser les deux policiers qui montaient la garde au commissariat et qui me scrutaient attentivement.

Je m'étais échappé dans un costume bleu foncé confectionné à Shanghai et porté successivement par MM. Brown et Scott, par le millionnaire MacGarvin puis par le serrurier Ernst Suse, puis à nouveau tombé dans des jours meilleurs lorsqu'il était enfilé par un Allemand. officier de marine, et conclut maintenant son existence sur le corps du docker, George Mine. Sous mon manteau, je portais un maillot de marin bleu qu'un prisonnier de la marine m'avait offert à Donington Hall. Dans ma poche, j'avais une vieille casquette de sport en lambeaux, un couteau, un petit miroir, un nécessaire à raser, un bout de ficelle et deux chiffons qui représentaient des mouchoirs.

De plus, j'étais l'heureux propriétaire d'une fortune de 120 shillings que j'avais en partie économisée et en partie empruntée ; mais jamais, ni à cette époque ni plus tard, je n'ai possédé de papiers ou de passeports d'aucune sorte.

Je cherchais maintenant un endroit calme et solitaire. Mon beau chapeau mou est tombé accidentellement dans la rivière depuis le pont de Londres ; le col et la cravate ont emboîté le pas depuis un autre endroit ; un magnifique clou doré maintenait ma chemise verte ensemble. Après cela, un mélange de vaseline, de cirage et de poussière de charbon a rendu mes cheveux blonds noirs et gras ; mes mains parurent bientôt comme si elles n'avaient jamais fait connaissance avec l'eau ; et finalement je me suis vautré dans un tas de charbon jusqu'à devenir un parfait prototype du docker en grève : George Mine.

Sous cette forme, il était tout à fait impossible de me soupçonner d'être un officier, et « intelligent et élégant » étaient les derniers mots qu'on aurait pu m'appliquer. Je pense que j'ai très bien joué mon rôle et, après avoir surmonté ma répulsion intérieure contre la saleté de mon environnement, je me suis senti en sécurité pour la première fois. J'étais en mesure de représenter ce que j'avais l'intention d'être : un marinier paresseux et sale, ou un ouvrier d'un voilier.

CHAPITRE XIV

TOUJOURS EN FUITE

" L'INDICE DU DRAGON CHINOIS

« GUNTHER PLÜSCHOW, le lieutenant de la marine allemande, fugitif de Donington Hall, est en liberté depuis sept jours. Le dragon chinois tatoué sur son bras gauche alors qu'il était en service à l'Est devrait pourtant trahir son identité.

« D'autres détails sur l'évasion du lieutenant Trefftz, qui a été arrêté à Millwall Docks dans les vingt-quatre heures, montrent que dimanche soir dernier, un violent orage a fait rage sur Donington Hall lors de l'appel du soir. Au lieu de se rassembler avec les autres prisonniers à l'intérieur des deux anneaux de fils de fer, les deux hommes se sont cachés dans le cercle extérieur. Leurs noms ont été répondus par d'autres prisonniers. Une planche de bois près de l'anneau extérieur montrait comment ils avaient traversé les barbelés.

[Avis diffusé dans la presse une semaine après l'évasion.]

Pendant des jours, j'ai flâné dans Londres, ma casquette posée avec désinvolture sur l'arrière de ma tête, ma veste ouverte, montrant mon pull bleu et son unique ornement, le clou doré, les mains dans les poches, sifflant et crachant, comme c'est la coutume des marins de Londres. ports du monde entier. Personne ne me soupçonnait, et tout mon plan dépendait de cela, car ma seule garantie contre la découverte résidait dans l'exclusion du moindre soupçon dirigé contre moi. Si quelqu'un m'avait prêté ne serait-ce qu'un peu d'attention, si un policier m'avait demandé mon nom, je n'aurais pu donner que le mien. Il était donc tout à fait superflu que les mandats d'arrêt mettent autant d'accent sur les marques de tatouage sur mon bras comme un indice de mon identité. Si les choses en étaient arrivées là, cela aurait signifié que le combat était terminé.

Le deuxième matin, j'ai eu une chance colossale ! J'étais assis au sommet d'un bus et derrière moi deux hommes d'affaires étaient engagés dans une conversation animée. Soudain, j'entendis les mots : « Bateau à vapeur hollandais – départ – Tilbury », et à partir de ce moment j'écoutai attentivement, essayant d'apaiser les battements joyeux de mon cœur. Car ces messieurs insouciants ne racontaient rien de moins que la nouvelle capitale du départ, chaque matin à sept heures, d'un rapide vapeur hollandais à destination de Flushing, qui jetait l'ancre au large des quais de Tilbury chaque après-midi.

En un clin d'œil, je descendis du bus. Je me suis précipité à la gare de Blackfriars et, une heure plus tard, j'étais à Tilbury. Il était midi et les ouvriers affluaient dans leurs cabarets. Je suis d'abord descendu jusqu'à la rivière et j'ai fait une reconnaissance ; mais mon bateau n'était pas encore arrivé. Comme j'avais encore du temps devant moi et que j'avais très faim, j'entrai dans l'un des nombreux restaurants spécialement fréquentés par les dockers. Dans une grande salle, une centaine d'entre eux étaient rassemblés autour de longues tables, partageant d'énormes repas. J'ai suivi leur exemple et, en déposant 8 pence, j'ai reçu une assiette remplie de pommes de terre, de légumes et d'un gros morceau de viande. Après cela, j'ai acheté un grand verre de stout au bar et, m'asseyant parmi les hommes avec la plus grande insouciance, j'ai continué mon dîner, m'efforçant de copier les manières de table des hommes autour de moi, et j'ai failli échouer en essayant de copier les manières de table des hommes autour de moi. Assaisonner les petits pois à l'aide d'un couteau.

Au milieu de mon festin, j'ai soudain senti une tape sur l'épaule. Des frissons glacés me parcoururent le dos. Le propriétaire s'est tenu derrière moi et m'a demandé mes papiers. J'ai naturellement compris qu'il parlait de mon livret d'identité et j'ai tout abandonné comme étant perdu. Comme je ne pouvais pas les produire, je fus obligé de le suivre, et veillai avec effroi à ce qu'il aille au téléphone. J'étais déjà en train de jeter des regards furtifs vers la porte et de réfléchir au meilleur moyen de m'enfuir, lorsque le publicain, qui m'avait observé à travers la porte vitrée, revint et me dit : « Si vous avez oublié vos papiers, je n'y peux rien. toi. Au fait, quel est ton nom ? Et d'où viens-tu ?

« Je m'appelle George Mine, un matelot de 3e classe américain du quatre-mâts barque *Ohio*, situé en amont. Je viens d'arriver ici et j'ai payé mon dîner, mais bien sûr, je n'ai pas mes papiers me concernant.

Il a fait remarquer : « Il s'agit d'un club privé, social-démocrate, et seuls les membres sont autorisés à manger ici – vous devez sûrement le savoir – mais si vous devenez membre, vous pouvez venir aussi souvent que vous le souhaitez. »

Bien entendu, j'acceptai immédiatement sa proposition et payai le droit d'entrée de trois shillings. Un petit ruban rouge éclatant a été passé à ma boutonnière et je suis ainsi devenu le dernier membre du syndicat social-démocrate de Tilbury !

Je revins à ma table comme si de rien n'était, avalai mon stout pour me fortifier après le choc que je venais de subir, mais aussi je repartis bientôt, car, pour être tout à fait franc, j'avais perdu tout appétit et ne me souciais plus de mon nourriture.

Je descendis alors au bord de la rivière, me jetai sur l'herbe et, feignant de dormir, veillai avec des yeux de lynx.

Navire après navire, mes attentes augmentaient à chaque minute. Enfin, à 16 heures, d'un air fier, le rapide paquebot hollandais jeta l'ancre et s'amarra à une bouée juste devant moi. Mon bonheur et ma joie étaient indescriptibles lorsque j'ai lu le nom du navire en lettres blanches brillantes sur la proue : MECKLENBURG .

Il ne pourrait y avoir de meilleur présage pour moi, puisque je suis originaire du Mecklembourg-Schwerin. J'ai traversé jusqu'à Gravesend sur un ferry et, de là, j'ai discrètement observé le bateau à vapeur. J'ai adopté l'attitude insouciante et la démarche roulante du Jack Tar typique, les mains dans les poches, sifflant un air gai, mais gardant les yeux et l'esprit vivement en alerte.

C'était mon plan : nager jusqu'à la bouée pendant la nuit, grimper sur l'aussière, ramper sur le pont et rejoindre la Hollande en passager clandestin.

J'ai vite trouvé la base de mes opérations.

Après m'être assuré que personne ne faisait attention à moi, j'ai escaladé un tas de bois et d'ordures, et je me suis caché sous des planches, où j'ai découvert plusieurs bottes de foin. Celles-ci me fournissaient un lieu de repos chaleureux, dont j'utilisai cette nuit-là et les nuits suivantes.

Vers minuit, je quittai mon refuge. Avec précaution, j'ai escaladé les vieilles planches et les détritus jonchant le sol. La pluie tombait bruyamment et, même si j'avais pris mes repères pendant la journée, il était presque impossible, dans la nuit noire, de retrouver les deux barges que j'avais aperçues près du tas de bois.

Rampant à quatre pattes, écoutant avec les oreilles tendues et essayant de percer la noirceur environnante, je me suis rapproché de mon objet.

Cependant, je m'aperçus avec consternation que les deux barges qui, le jour, avaient été complètement submergées, gisaient haut et à sec. Heureusement, à l'arrière, un petit canot naviguait sur l'eau.

Avec une prompte résolution, je voulus me précipiter dans le bateau, mais avant de savoir où j'étais, je sentis le sol glisser sous mes pieds et je m'enfonçai jusqu'aux hanches dans une masse gluante, gluante et puante. Je jetai mes bras partout, et je parvins tout juste à atteindre avec ma main gauche la planche qui allait du rivage au voilier.

Il me fallut toutes mes forces pour me débarrasser de la bave qui avait failli me perdre, et j'étais complètement épuisé quand je me traînai enfin jusqu'à mon lit de foin.

Lorsque le soleil s'est levé le troisième matin de mon évasion, j'étais déjà retourné sur un banc dans Gravesend Park et j'observais le *Mecklenburg* alors qu'il laissait ses amarres à 7 heures du matin et se dirigeait vers le large.

Toute la journée, ainsi que plus tard, je flânai à Londres. Pendant des heures, comme tant d'autres vauriens, j'observais depuis les ponts la position des paquebots neutres, le chargement et le déchargement des cargaisons, notant leur étape et leur progression, afin de profiter, si possible, d'un moment heureux pour m'embarquer. conseil.

J'ai mangé tous ces jours dans certains des pires restaurants de l'East End. J'avais l'air si peu recommandable et sale, boitant ou titubant souvent comme un ivrogne, et je jetais un regard si imbécile que personne ne se souciait de moi. J'évitais de parler et observais attentivement la prononciation des ouvriers et la manière dont ils commandaient leur nourriture. Bientôt, j'avais acquis une telle facilité et une telle rapidité, sans parler d'une impudence étonnante, que je n'envisageais même plus la possibilité de me faire prendre. Le soir, je retournais à Gravesend.

Cette fois, un nouveau paquebot était à l'ancre dans le fleuve, le *Princess Juliana*.

Je me mis alors à prêter encore plus d'attention à la conformation des berges de la rivière, afin de me protéger contre de nouveaux accidents.

A minuit, je me trouvais à l'endroit que j'avais choisi. La berge était pierreuse et la marée commençait à descendre. J'ai tranquillement jeté ma veste, mes bottes et mes bas, j'ai rangé ces derniers, avec ma montre, mon nécessaire de rasage, etc., dans ma casquette, et je les ai mis en l'attachant solidement sur ma tête.

Après cela, je cachai la veste et les bottes sous une pierre, resserrai la ceinture de cuir qui retenait mon pantalon et, habillé comme je l'étais, me glissai doucement dans l'eau et nageai en direction du bateau.

La nuit était pluvieuse et sombre. Bientôt, je ne pus reconnaître le rivage que je venais de quitter, mais je distinguai à peine la silhouette d'une barque à rames qui était au mouillage. Je m'y suis dirigé, mais malgré de terribles efforts, je n'ai pas pu m'en approcher. Mes vêtements étaient trempés et, devenant de plus en plus lourds, ils m'entraînaient presque vers le bas. Mes forces commençaient à m'abandonner, et le courant était si fort que d'autres barques à l'ancre semblaient passer devant moi comme des fantômes. Nageant désespérément et déployant toutes mes forces, j'essayais de garder la tête hors de l'eau.

Bientôt, cependant, j'ai perdu connaissance, mais lorsque je l'ai retrouvé, j'étais étendu au sec sur des pierres plates recouvertes d'algues.

Un sort bienveillant m'avait dirigé vers les quelques étendues pierreuses du rivage où la rivière forme un coude brusque et, grâce à la marée descendante rapidement, je me suis allongé hors de l'eau.

Tremblant et grelottant de froid et d'effort, j'ai titubé le long de la berge de la rivière et, au bout d'une heure, j'ai retrouvé ma veste et mes bottes. Après cela, j'ai escaladé ma clôture et me suis couché, en claquant des dents, sur mon lit de paille.

Il pleuvait toujours et un vent glacial m'envahissait. Ma seule couverture était constituée de ma veste mouillée et de mes deux mains que j'étendais de manière protectrice sur mon ventre pour essayer au moins de me maintenir en forme pour les jours suivants. Au bout de deux heures, étant incapable de dormir, je me levai et courus pour me réchauffer un peu.

Mes vêtements mouillés n'ont séché que lorsqu'ils ont été suspendus au-dessus d'une cuisinière quelques jours plus tard en Allemagne ! Je suis de nouveau allé à Londres pour la journée. J'ai fréquenté plusieurs églises, où j'ai probablement donné l'impression que je priais dévotement ; en réalité, j'y faisais une sieste de temps en temps.

Autre avis :

" FUGITIF TRÈS ÉVADÉ

" *Le vol en avion de Plüschow depuis Tsing-Tao*

«Grâce à l'indice du dragon chinois, les autorités espèrent toujours retrouver le lieutenant Gunther Plüschow, de la marine allemande, qui s'est échappé de Donington Hall lundi. Le dragon est tatoué sur le bras gauche du fugitif aux couleurs orientales. Il s'agit probablement d'une œuvre d'un artiste local, car, bien qu'âgé de vingt-neuf ans, Plüschow a mené une carrière aventureuse dans la marine du Kaiser.

« Il était à Tsing-Tao lorsque les Britanniques et les Japonais assiégèrent cette forteresse allemande. Peu de temps avant sa chute, Plüschow s'est échappé dans un avion et quelques semaines plus tard, il a été retrouvé à bord d'un navire commercial japonais à Gibraltar.

« Il s'efforcera probablement de s'engager comme matelot sur un navire neutre partant d'un port britannique et, dans cette optique, une surveillance très attentive est exercée dans tous les ports du pays. Plüschow est un marin typique, mesurant environ 5 pieds 6 pouces, avec des cheveux blonds et un teint frais. Il passerait pour un Néerlandais avec son anglais approximatif. Rien de ce qu'il peut faire ne peut retirer le dragon chinois de son bras gauche, et sa reconquête ne devrait être qu'une question de temps.

Ce jour-là, je suis presque devenu un soldat anglais. Sur l'une des estrades, dressée au milieu d'une place publique, j'aperçus un orateur debout et s'adressant au peuple, bien entendu à la recherche de recrues. Avec les couleurs les plus brillantes et avec le plus grand enthousiasme, il dépeint à la foule attentive l' *entrée* à Londres des troupes allemandes victorieuses. « Les rues de Londres, dit-il, résonneront du pas des « Huns » ; vos femmes seront violées par les soldats allemands et piétinées par leurs bottes boueuses. Permettez-vous cela, libres Britanniques ? Un « Non » indigné résonna en retour. « Très bien, alors, venez rejoindre l'armée maintenant ! »

Je m'attendais à une précipitation générale, car l'homme avait parlé de manière très impressionnante ; mais personne n'a bougé, personne ne s'est porté volontaire ou n'a cru que Kitchener *le voulait spécialement* . L'orateur recommença alors, mais ses paroles enflammées tombèrent dans l'oreille d'un sourd.

Pendant ce temps, des sergents recruteurs anglais se déplaçaient dans la foule. Partout, les gens secouaient la tête. Aucun des valeureux fils d'Albion n'en avait. Soudain, mon tour est venu.

Un sergent grand comme un lampadaire se tenait devant moi et palpait les biceps de mes avant-bras. Il parut très satisfait de son examen, car il essaya de me convaincre par tous les moyens en son pouvoir qu'être soldat dans l'armée de Kitchener était la plus belle chose au monde. J'ai refusé. "Non J'ai dit; «C'est tout à fait impossible. Je n'ai que dix-sept ans.

« Oh, ça n'a pas d'importance ; nous allons simplement en faire dix-huit, et tout ira bien.

« Non, vraiment, c'est tout à fait impossible. De plus, je suis américain et je n'ai aucune autorisation de mon capitaine. Le type persistant sortit alors un oléographe sur lequel les uniformes anglais étaient représentés dans les couleurs les plus criardes. Il ne voulait tout simplement pas me laisser partir. Pour m'en débarrasser, je lui ai demandé de me le laisser, et je lui ai promis d'en discuter avec mon patron et de lui dire le lendemain quel uniforme je préférais. Il va sans dire que j'ai toujours fait un grand détour par cet endroit.

J'avais alors acquis une telle confiance que j'entrais au British Museum, visitais plusieurs galeries d'images et fréquentais même des matinées dans des music-halls, sans qu'on me pose de questions. Les jolies serveuses blondes des music-halls étaient particulièrement amicales avec moi et semblaient plaindre le pauvre marin arrivé par hasard. Ce qui m'amusait le plus, c'était de voir les regards de dégoût et de mépris que me jetaient les dames et les jeunes filles en haut des bus. S'ils avaient su qui était assis à côté d'eux ! Est-il surprenant que je ne sente pas bon, compte tenu de mon travail nocturne et de l'état humide et gluant de mes vêtements ? Le soir, j'étais de retour à Gravesend. Dans le petit parc qui surplombait la Tamise, j'ai écouté tranquillement pendant des heures les accords d'une fanfare militaire. J'avais définitivement renoncé à nager jusqu'au paquebot, car je voyais que la distance était trop grande et le courant trop fort. J'ai donc décidé de réquisitionner discrètement, d'une manière ou d'une autre, un canot pour atteindre le paquebot. Juste devant moi, j'en vis un que je jugeais approprié à mon usage, mais il était amarré à un quai sur lequel une sentinelle montait la garde jour et nuit. Mais il fallait prendre le risque. La nuit était très sombre lorsque, vers midi, je me suis glissé dans le parc et j'ai rampé jusqu'au mur de remblai, qui mesurait environ 6 pieds de haut. J'ai sauté par-dessus la haie et j'ai vu le bateau se balancer doucement sur l'eau. J'ai écouté à bout de souffle. La sentinelle marchait de long en large. A moitié endormi, j'avais ôté mes bottes, je les avais attachées avec les lacets autour de mon cou et je tenais un couteau ouvert entre mes dents. Avec la furtivité d'un Indien, je me laissai tomber par-dessus le mur et parvins tout juste à atteindre le plat-bord du bateau avec mes orteils. Mes mains glissèrent sans bruit sur le granit dur, et une seconde plus tard je tombai dans le bateau, où je me blottis dans un coin, écoutant avec une attention haletante ; mais ma sentinelle continuait à marcher de long en large sans être dérangée sous les lampes à arc brillantes. Heureusement, mon bateau était dans l'ombre.

Mes yeux, entraînés par la pratique à déterminer, voyaient malgré l'obscurité totale presque aussi bien que de jour. Avec précaution, je cherchai les rames. Condamner! Ils étaient cadenassés ! Heureusement, la chaîne était lâche et, en silence, je libérai d'abord la gaffe, puis un aviron après l'autre, de la chaîne. Mon couteau scia alors les deux cordes qui retenaient le bateau au mur, et je plongeai sans bruit mes rames dans l'eau et poussa mon petit bateau en avant.

Quand je suis entré dans le bateau, il avait déjà embarqué une bonne quantité d'eau. Maintenant, j'ai remarqué, à ma grande consternation, que l'eau montait rapidement. Il roulait déjà sur le banc, et le bateau devenait de plus en plus difficile à manier à mesure qu'il devenait de plus en plus lourd. Je me jetai désespérément sur mes rames. Soudain, avec un bruit de grincement, la quille s'est échouée et le bateau est resté immobile. Rien ne servait désormais, ni à tirer, ni à ramer, ni à utiliser la gaffe. Le bateau refusait tout simplement de bouger. Très vite, l'eau a coulé autour, et après quelques minutes, je suis resté au sec dans la boue, mais pour compenser cela, le bateau était plein d'eau. Je n'avais jamais vu de ma vie un tel changement du niveau de l'eau dû à la marée. Bien que la Tamise soit bien connue à cet égard, je n'avais jamais cru cela possible.

A ce moment, je me trouvais dans la position la plus critique de mon évasion. J'étais entouré de toutes parts d'une bave gluante et puante, dont j'avais fait la connaissance deux soirs auparavant au péril de ma vie. Cette simple pensée m'a fait frissonner. À environ 200 mètres de là, la sentinelle montait et descendait, et je me suis retrouvé avec mon bateau à 15 pieds du mur de granit de 6 pieds de haut.

Je restai assis, réfléchissant froidement. Une chose paraissait une nécessité absolue : les Anglais ne pouvaient pas y trouver, car ils auraient pu me tuer comme un chien enragé.

Mais l'eau ne devait monter que le lendemain après-midi. Il m'appartenait donc de rassembler mon énergie, de serrer les dents et d'essayer de vaincre la boue. J'ôtai mes bas, remontai mon pantalon le plus haut possible, puis je plaçai les bancs et les rames rapprochés les uns des autres sur la limone bouillonnante et gargouillante, me servai de la gaffe comme d'une perche de saut en plaçant sa pointe sur une planche, je me suis tenu sur le plat-bord et, rassemblant toutes mes forces dans un effort puissant, j'ai sauté dans l'espace - mais je me suis retrouvé, hélas, l'instant d'après à 3 pieds du mur et je me suis enfoncé profondément sur les genoux dans la neige fondante moite, touchant fond dur, cependant, comme je l'ai fait. Alors je longeai le mur, j'y plaçai ma gaffe comme un poteau d'escalade, et me trouvai en quelques secondes au sommet, après quoi je me glissai dans l'herbe du parc, où quelques heures auparavant j'avais été. écouter de la musique. Un silence ininterrompu régnait autour de moi. Un soulagement indicible m'envahit, car personne, pas même la sentinelle, n'avait rien remarqué.

Avec un inconfort aigu, je contemplais mes jambes. Ils étaient recouverts d'une masse épaisse, grise et malodorante, et il n'y avait pas d'eau à proximité pour les nettoyer. Mais il était impossible de mettre des bottes ou des bas alors qu'ils étaient dans cet état. Avec une peine infinie, je parvins à racler la saleté autant que possible, et j'attendis que le reste sèche ; alors seulement je pus reprendre une apparence assez convenable.

Mon premier projet avait échoué, mais malgré cela, je sentais que j'avais eu tellement de chance que j'étais prêt à entreprendre une seconde aventure.

Je me dirigeai alors vers le petit pont, qui était gardé par ma sentinelle, et, me faisant passer pour un marin ivre, je titubai jusqu'à ce que je heurte doucement le brave garçon. Il semblait cependant assez habitué à de tels événements, pour remarquer agréablement : « Bonjour, vieux Jack ! Un whisky de trop ! il m'a tapoté l'épaule et m'a laissé passer.

Une centaine de mètres plus loin, j'avais retrouvé mon attitude normale. Après une brève recherche, j'ai retrouvé l'endroit d'où j'avais commencé la veille ma malheureuse tentative de nage.

Il était environ 2 heures du matin et, en un clin d'œil, je m'étais déshabillé et j'avais sauté, agile et libre – comme Dieu m'avait créé – dans l'eau. Pour la première fois, le ciel se couvrit de nuages, et les contours des barques à rames, ancrées à une distance d'environ 200 mètres du rivage, paraissaient vagues et sombres. L'eau était inhabituellement phosphorescente, et je ne l'ai observée à ce point que sous les tropiques. J'ai donc nagé dans une mer d'or et d'argent. À tout autre moment, j'aurais énormément admiré ce jeu de la nature, mais maintenant je ressentais seulement la peur que mon corps ne brille d'une blancheur suspecte dans cette claire lumière dorée. Au début, tout s'est bien passé. Mais aussitôt que j'eus dépassé le coude gauche de la rivière, là où la rive offrait une certaine protection, je fus saisi par le courant et dus lutter pour ma vie avec les éléments aqueux. Comme je perdais mes forces, j'atteignis le premier bateau, fis un dernier effort et m'y hissai bruyamment. Ô persécution d'un sort impitoyable ! Le bateau était vide : pas de godille, pas de gaffe avec laquelle j'aurais pu le mettre en mouvement. Après une courte pause, je me suis de nouveau glissé dans l'eau et j'ai dérivé vers le bateau suivant. Et cela aussi était vide ! Et la même chose s'est produite avec les trois suivants. Et quand j'atteignis le dernier, après m'être un peu reposé, je me replongeai de nouveau dans l'eau scintillante mais maintenant désagréablement froide. Deux heures après avoir commencé mon aventure, j'atteignis de nouveau l'endroit où j'avais laissé mes vêtements.

Comme je tremblais comme une feuille de tremble à cause du froid et de l'exposition, j'avais particulièrement du mal à entrer dans mes vêtements détrempés et collants.

Une demi-heure plus tard, j'étais de retour dans mon couchage au milieu du foin, commençant à avoir de sérieux doutes sur l'existence de ma bonne étoile !

Pourrais-je être blâmé si mon moral tombait un peu et si je devenais tout à fait indifférent à mes intérêts ? J'avoue que j'étais tellement découragé que le lendemain matin je n'ai pas trouvé assez d'énergie pour quitter ma cachette à temps, et je n'ai réussi à m'échapper par ma clôture qu'après que le propriétaire du tas de bois soit passé plusieurs fois devant ma retraite. Ce jour-là, je suis monté à pied jusqu'à Londres depuis Gravesend et je suis revenu par l'autre côté de la Tamise à Tilbury. Tout cela, afin de trouver un bateau que je pourrais voler inaperçu. C'était tout à fait incroyable que je ne puisse pas le faire ; plusieurs gisaient là, comme s'ils m'attendaient ; mais ils n'étaient que trop bien gardés. J'y ai renoncé par désespoir.

Ce soir-là, je suis allé dans un music-hall, avec la ferme intention de dépenser ma dernière livre, puis de tout miser sur une seule carte, et d'essayer d'atteindre les quais et de m'y cacher sur un bateau à vapeur neutre. Et si ce plan échouait – comme ce fut le cas avec Trefftz – je décidais de me rendre à la police.

Je me tenais dans la galerie supérieure du plus grand music-hall de Londres et j'ai regardé le spectacle. Une voix intérieure me murmura : « Ta place est à

Gravesend, tu travailles pour ton évasion. Votre devoir est de vous débarrasser de ce relâchement, sinon vous n'êtes pas digne d'être un marin allemand !

Ainsi, lorsque j'ai vu les *tableaux vivants*, scènes de tranchées et allégories de la Victoire et de la Paix à venir, dans lesquelles les Allemands figuraient naturellement fuyant et vaincus, quand enfin, dans le tableau principal, apparut Britannia, une figure brillante avec la Palme. de la Victoire dans sa main, et un soldat allemand gris des champs prosterné sous son pied droit - je me suis senti consumé par une flamme de juste colère et, malgré les protestations énergiques de mes voisins, je me suis enfui du théâtre et j'ai pu prenez le dernier train pour Tilbury.

Ce n'est qu'à ce moment-là que je me suis senti à nouveau heureux. Et j'étais si certain maintenant que mon plan se réaliserait, qu'il ne restait plus aucune place au doute.

Après avoir dépassé les premières cabanes de pêcheurs de Gravesend, j'ai trouvé un petit crâne. Je l'ai pris avec moi. Au milieu du courant, juste à côté du débarcadère des bateaux de pêche, un petit canot flottait sur l'eau. À peine à vingt pieds de là, leurs propriétaires étaient assis sur un banc, si absorbés par un tendre flirt avec leurs belles que les bons gens de la mer ne prêtaient aucune attention à mon apparition sur les lieux.

C'était risqué, mais « Rien ne risque, rien n'a », me suis-je murmuré. Et, grâce à mes compétences acquises, je me glissai sans bruit dans le bateau : d'un coup sec, la minuscule coquille de noix glissa doucement le long d'un bateau de pêche, sur la dunette duquel une femme endormissait son bébé.

Comme il n'y avait pas de dames de nage dans le bateau, je m'assis à l'arrière et m'éloignai de toutes mes forces du rivage. J'avais pourtant à peine parcouru le tiers de la distance, que le reflux me prit dans son tourbillon, fit tourner mon bateau comme une toupie et paralysa tous mes efforts de barre. Le moment était venu de montrer l'efficacité de mon marin. Avec une poigne de fer, j'ai repris le contrôle du bateau et, flottant avec la marée, j'ai dirigé vers l'aval. Un moment dangereux était proche. Un imposant pont flottant militaire, s'étendant sur la rivière et gardé par des soldats, se trouvait devant moi. Invoquant une résolution calme et une attention particulière à mon aide, regardant droit devant moi et uniquement concentré sur mon crâne, j'ai ignoré le défi de la sentinelle et j'ai filé entre les deux pontons. Quelques secondes après, le bateau subit un choc violent et je pataugeai sur le câble d'ancre d'un puissant navire à charbon. Avec une rapidité fulgurante, je lançai mon peintre autour, et cela juste à temps, car le bateau faillit chavirer. Mais j'étais en sécurité. L'eau tourbillonnait follement devant elle, car le reflux, renforcé par le dénivelé de la rivière, devait être complètement installé. Il ne me restait plus qu'à attendre patiemment.

GUNTHER PLÜSCHOW DANS LE DÉGUISEMENT D'UN
Docker DANS LEQUEL IL IL S'ÉCHAPPE

Mon paquebot était à tribord. Je voulais attendre mon heure jusqu'à ce que le courant de la marée me permette de traverser.

J'étais déjà bouillonnant d'assurance lorsque l'étouffement nécessaire a été administré. L'aube se levait, les contours des navires au mouillage devenaient de plus en plus nets. Enfin le soleil se leva, et l'eau s'écoulait toujours si fortement qu'il était même impossible d'envisager de s'enfuir. De toute façon, il était impossible d'effectuer mon vol à ce moment-là. Mais enfin, heureux de posséder le bateau tant désiré, j'ai glissé vers l'aval et, au bout d'une heure, je me suis arrêté à un vieux pont en ruine sur la rive droite de la Tamise. J'ai poussé mon bateau dessous, j'ai pris mes deux godilles par mesure de précaution et je les ai cachés dans les hautes herbes. Puis je me couchai près d'eux, et à huit heures je vis mon vapeur, le *Mecklenburg*, disparaître fièrement sous mes yeux. Ma patience devait encore être mise à rude épreuve. Je restai allongé dans l'herbe pendant les seize heures suivantes, jusqu'à ce que, à huit heures du soir, sonne l'heure de ma délivrance.

Je suis de nouveau rentré dans mon bateau. Avec précaution, je me laissai pousser vers l'amont par la marée montante et amarrai mon bateau au même ravitailleur à charbon près duquel j'avais été échoué la nuit précédente. En face de moi se trouvait le *Princess Juliana* amarré à sa bouée.

Comme j'avais du temps devant moi, je m'allongeai au fond de mon bateau et tentai de faire quarante clins d'œil, mais en vain. La marée montait et j'étais à nouveau entouré par l'eau tumultueuse.

A minuit, tout était encore autour de moi, et quand, à une heure, le bateau flottait tranquillement au gré du courant, je larguai les amarres, m'assis dans mon bateau et ramai, avec autant de sang-froid que si j'avais été l'un des une fête dominicale dans le port de Kiel, sur le bateau à vapeur.

Inaperçu, j'ai atteint la bouée. La coque noire de mon bateau à vapeur se dressait bien au-dessus de moi. Une forte traction et j'étais au sommet de la bouée. J'ai alors fait mes adieux à mon fidèle cygne avec un coup de pied sonore qui l'a déclenché en aval avec le début du reflux. Durant les minutes qui suivirent, je restai aussi silencieux qu'une souris. Puis j'ai grimpé avec un sang-froid de fer – et cette fois comme un chat – le puissant câble d'acier jusqu'à l'écubier. Prudemment, j'ai penché la tête par-dessus la rampe et j'ai espionné. Le gaillard d'avant était vide.

Je me suis levé brusquement et me suis tenu sur le pont.

CHAPITRE XV

LE CANDIDATURE

Je me suis MAINTENANT glissé le long du pont jusqu'au cabestan et je me suis caché dans le réservoir d'huile sous le guindeau.

Comme tout restait calme et que personne n'était en vue, je sortis de mon coin, j'enlevai mes bottes et les rangeai sous une pile de bois dans un coin du pont avant. J'ai maintenant procédé à une enquête sur mes pieds en bas. Quand j'ai regardé d'un coin à l'arrière du pont avant jusqu'au pont de chargement, j'ai soudainement reculé en chancelant. À bout de souffle, mais sans sourciller, je restais appuyé contre le ventilateur. En bas, sur le pont de la cargaison, se tenaient deux sentinelles qui regardaient fixement vers le haut.

Après que je sois resté plus d'une demi-heure dans cette position exiguë, et que mes genoux commençaient à céder, deux hôtesses de l'air trébuchèrent du pont intermédiaire. Ils revenaient apparemment du service de nuit. Mes deux sentinelles saisirent immédiatement l'instant d'or et furent si absorbées par leur conversation qu'elles ne prêtèrent plus aucune attention à ce qui se passait autour d'elles.

L'aube se levait et je devais agir immédiatement si je ne voulais pas perdre tout ce que j'avais acquis à un tel prix.

Je me suis laissé descendre le long du comptoir du côté du pont avant opposé aux deux couples amoureux et j'ai atterri sur le pont de chargement. Sans m'arrêter un instant, je descendis doucement, passai devant les deux sentinelles, atteignis sain et sauf le pont promenade et, grimpant sur un pilier du pont, me retrouvai peu après sur le côté extérieur d'un canot de sauvetage.

Me tenant d'une main avec une poignée de fer, car la Tamise clapotait avidement à moins de 12 mètres de moi, de l'autre, aidé de mes dents, j'arrachai quelques-uns des rubans de la couverture du bateau, et d'un dernier geste Plein de force, je me glissai à travers ce petit espace et m'accroupis, bien à l'abri des regards curieux, à l'intérieur du bateau.

Et puis, naturellement, j'arrive au bout de mon endurance. Les efforts physiques prodigieux, l'excitation aiguë et, enfin et surtout, ma faim vorace, m'étendaient à plat sur les planches du bateau, et au même instant je ne savais plus ce qui se passait autour de moi.

CHAPITRE XVI

LE CHEMIN DE LA LIBERTÉ

Les coups stridents de la sirène m'ont réveillé d'un sommeil qui, dans son absence de rêves, ressemblait à la mort.

Je détachai prudemment les bandes de la housse de mon bateau et réprimai avec difficulté un « Hourra ! car le bateau à vapeur arrivait dans le port de Flushing.

Plus rien n'avait d'importance. J'ai sorti mon couteau et, d'un seul coup, j'ai déchiré la couverture du bateau d'un bout à l'autre ; mais cette fois du côté du pont.

Avec une profonde inspiration, je me tenais au milieu du pont du bateau et m'attendais à être fait prisonnier à tout moment.

Mais personne ne s'est soucié de moi. L'équipage était occupé aux manœuvres d'atterrissage ; les voyageurs avec leurs bagages.

Je descendis maintenant sur le pont-promenade, où plusieurs passagers me regardèrent avec indignation à cause de mon aspect négligé et de mes bas bleus déchirés, qui semblaient, je dois le dire, tout sauf délicats.

Mais mes yeux devaient être si radieux de bonheur, et une telle joie se refléter sur mes traits sales et émaciés que beaucoup de femmes me regardèrent avec surprise.

Je ne pouvais plus continuer ainsi. Je me rendis donc sur le pont avant, récupérai mes bottes (mes meilleures chaussures de hockey, cadeaux aimables des Anglais) et, bien qu'un marin hollandais me fit exploser d'un ton bourru, j'enfilai calmement mes bottes bien-aimées et m'éloignai vers la passerelle. .

Le bateau à vapeur s'était amarré directement au quai.

Les passagers ont quitté le navire, faisant leurs adieux au capitaine et aux officiers du navire. J'avais d'abord eu l'intention de me faire connaître auprès du capitaine, afin d'éviter tout ennui à la Dutch Steamship Company. Mais des conseils plus prudents ont prévalu, et les mains dans les poches, l'air aussi discret que possible, je me suis faufilé sur la passerelle.

Personne ne faisait attention à moi, alors j'ai fait semblant d'appartenir à l'équipage du navire et j'ai même aidé à attacher les aussières. Alors je me mêlai à la foule, et pendant que les passagers étaient soumis à un contrôle strict, je regardai autour de moi, et près de la grille je découvris une porte sur laquelle était écrit en grosses lettres : « Sortie interdite ».

C'est là, sûrement, que se trouve le chemin de la liberté ! En un clin d'œil, j'ai surmonté cet obstacle d'une simplicité enfantine et je suis resté dehors.

J'étais libre !

J'ai dû faire le plus grand effort de ma vie pour ne pas sauter comme un fou. Deux de mes compatriotes m'ont accueilli cordialement, même s'ils ne voulaient pas croire que j'étais officier et, surtout, que j'avais réussi à m'échapper d'Angleterre.

Comme l'eau de mon bain était horrible !

J'ai aussi mangé assez pour trois ce soir-là.

Le lendemain, après avoir acheté quelques petits produits de première nécessité, je suis monté à bord d'un train lent pour l'Allemagne, vêtu d'habits d'ouvrier.

Alors que le train allait démarrer, un homme est venu derrière moi et m'a tapé sur l'épaule (comme je détestais cette manière de saluer !) et m'a demandé : « Où sont tes papiers ?

"Qui êtes-vous de toute façon?" J'ai dit.

"Je suis des services secrets."

"N'importe qui peut dire ça."

"Bien sur monsieur; mais voici mon insigne.

Pendant un moment, j'ai eu le vertige. J'expliquai à ce monsieur avec beaucoup de suavité que je n'avais aucun papier, que j'étais en route pour l'Allemagne et que je ne devais causer aucun ennui au gouvernement hollandais.

« Alors, dit-il, vous venez d'Angleterre et vous n'avez pas de papiers ? Je suppose que c'était un peu difficile ?

"Oui. Plutôt!" J'ai dit.

"Eh bien, je vous souhaite un autre agréable voyage."

Nous nous sommes serré la main alors que le train démarrait.

CHAPITRE XVII

DE RETOUR À LA PATRIE !

J'étais incapable de rester assis longtemps. Seul dans mon compartiment de première classe, j'étais submergé par les pensées et les espoirs qui me traversaient l'esprit. Je courais dans mon wagon comme un animal sauvage en cage.

Enfin! Enfin! Cela semblait une éternité ; le train franchit lentement la frontière allemande.

Le message en noir et blanc a accueilli mes yeux et, me penchant par la fenêtre, j'ai crié joyeusement « Hourra ! deux fois.

Mais le troisième « Hourra ! coincé dans ma gorge, comme emporté par la gratitude, le bonheur et le plaisir, j'ai sangloté à haute voix et je n'ai pas pu empêcher les larmes de jaillir de mes yeux.

Était-ce de la négligence ?

Le train s'est arrêté à Goch. Les premiers « gris des champs » que j'ai jamais vus de ma vie se tenaient sur le quai alors que je sautais négligemment du train.

Une poigne dure me saisit par le col, et un énorme sergent-major de cavalerie prussien, aux yeux féroces sous un casque brillant, me tenait dans sa main de fer.

"Ha! maintenant nous avons le jeune coquin !

Je me serais volontiers jeté au cou de mon cher « gris des champs », car jamais je ne m'étais senti aussi en sécurité de ma vie qu'à ce moment-là.

J'ai essayé d'expliquer qui j'étais; mais un sourire qui n'aurait auguré que peu de consolation pour quiconque fut la seule réponse que j'obtins.

Deux courageux vétérans du Landsturm m'ont conduit à Wesel en état d'arrestation le lendemain matin.

Personne n'était encore au bureau pour m'interroger. Des petits garçons m'avaient suivi, jetant des pierres et criant : « Ils l'ont eu ; ils l'ont eu… l'espion ! Les petites têtes blondes chéries !

Un infirmier m'a reçu !

« Asseyez-vous, vous êtes là. Avec des gens comme vous, on ne perd pas beaucoup de temps. Quand le Herr Kapitänleutnant F. arrive, juste un bref examen et vous partez dans les airs.

Après un certain temps, le Redoutable apparut – bien sûr un de mes camarades. Un étonnement et une joie indescriptibles ! Mais la tête stupide de mon aimable ordonnance était agréable à voir. Il a dû s'enfuir immédiatement et aller chercher mon petit-déjeuner.

J'ai tiré une satisfaction particulière, alors que j'étais encore à Wesel, de la lecture d'un mandat anglais du *Daily Mail*, daté du 12 juillet, alors que j'étais déjà en sécurité, qui se terminait par déclarer que j'essaierais probablement de m'échapper en tant que marin sur un paquebot neutre et que :

"Sa reconquête ne devrait être qu'une question de temps."

Une heure plus tard, j'étais assis, toujours en tenue d'ouvrier, un passeport en poche, dans le Berlin Express – en première classe bien sûr !

J'avais enfin atteint mon objectif ! Il m'avait fallu près de neuf mois pour me frayer un chemin depuis Kiao-Chow jusqu'en Allemagne.

Allemagne, oh, mon pays bien-aimé ! J'étais revenu vers toi !

Le soleil brillait radieusement le 13 juillet 1915 et mes yeux ravis contemplaient les belles photos de ma campagne.

Je m'étais installé seul dans ma voiture de première classe, j'avais étalé mes affaires des deux côtés de la fenêtre et j'avais commencé à écrire mon rapport au crayon.

A Münster, un vieux général en grand uniforme entra dans mon compartiment. Je me suis levé poliment, j'ai dégagé un siège et j'ai dit : « Puis-je très humblement mettre ce siège à la disposition de Votre Excellence ?

Un regard furieux de ses yeux durs, un grognement indigné « Brrrr », et la porte claqua. J'étais seul.

Si ce petit livre tombe par hasard entre les mains de Son Excellence, qu'on me pardonne d'avoir oublié, en m'adressant à lui, quels vêtements je portais à ce moment-là.

Ce soir-là, à sept heures, le train entra dans la gare du Zoo.

Une paire de merveilleux yeux bleus nageant dans les larmes, un magnifique bouquet de roses pourpres, et incapables de prononcer un mot à cause du pur bonheur et de la joie des retrouvailles, nous avons quitté la gare.

J'ai passé les jours suivants comme dans un rêve. Quand je suis entré dans l'Amirauté, le portier ne m'a naturellement pas permis d'entrer ; et aussi dans les grands magasins, où je devais acheter au plus vite, ne me laissant que mes vêtements d'ouvrier, les commissionnaires voulaient m'expulser.

Je n'ai travaillé que quelques jours au Ministère de la Marine Impériale, puis j'ai reçu les remerciements de mon Empereur.

Et avec la Croix de Fer de Première Classe, je suis rentré fièrement chez mon peuple.

Après quelques semaines de repos, j'ai reçu ma plus belle récompense.

Je suis redevenu un « homme volant » et j'ai été autorisé à coopérer au grand travail du combat et de la victoire de l'Allemagne.

Et lorsque, sur le front de l'Est, mon très aimable empereur et maître inspecta la station volante navale, sous mon commandement, et me serra la main et exprima personnellement sa satisfaction impériale, je le regardai droit dans les yeux et appuyai sur des lettres brûlantes gravées dans mon cœur s'est levé :

« AVEC DIEU POUR EMPEREUR ET PATRIE. »

LA FIN

www.ingramcontent.com/pod-product-compliance
Lightning Source LLC
LaVergne TN
LVHW041706190726
843493LV00007B/1967